家族式腐败问题研究

Research On Family Corruption

何旗——著

国家出版基金项目·「反腐败研究文库」

中国方正出版社

序　言

腐败，自有人类文明史以来就一直存在，古今中外，概莫能外。腐败在不同的时代、地区和国家有不同的表现和特征，它是社会的毒瘤、人类的公敌。从世界历史经验看，经济高速发展和社会结构的急剧变动期，往往也是腐败易发、高发期。

从当下中国的情况看，随着我国经济社会的发展变化，腐败问题也呈现出许多新的特点，其中一个特点就是以“主要的权力人物”为中心，以“水波涟漪”的方式形成腐败行为逐步向官员家族成员扩散的腐败现象，也成为破解诸多腐败案例的重要切入点。家族式腐败利益链中不仅包罗了配偶、子女等家属，而且还网罗了连襟、妻弟（妹）等姻亲，形成了生物学意义上的“腐败家族”。中央纪委网站的一份统计显示：从 2015 年 2 月 13 日至 12 月 31 日，该网站共发布了 34 份中管干部纪律处分通报，其中有 21 人违纪涉及亲属，比例高达 62%。[①] 2014 年

① 参见韩亚栋：《被查中管干部“问题清单”近 2/3 违纪涉亲属》，中央纪委国家监委网站，http：//www. ccdi. gov. cn，2016 年 1 月 5 日。

10 月下旬陆续公布的中央巡视组第一轮巡视整改情况通报显示：在 14 个被巡视的省份和单位中出现干部亲属子女违规经商办企业、利用职权和职务影响谋取不正当利益问题的达 7 个。[①] 就案件查处情况来看，十八届中央纪委严肃查处了周永康、令计划、苏荣等家族式腐败案件。十九届中央纪委四次全会工作报告在回顾 2019 年工作时特别提到，“深挖细查云光中、张茂才、努尔·白克力、钱引安、张琦等以权谋私、亲清不分的家族式腐败”[②]。大量事实表明，近年来官员腐败案往往与家族腐败紧密联结在一起，“以血缘、姻亲等关系为纽带，呈现家族化特点”[③]，可以说，落马官员涉及“窝案”式的家族腐败已然成为当前中国腐败案件的一个显著特征。

2012 年 11 月 15 日，习近平总书记在中央军委常务会议上的讲话中指出，“我们不仅要管好自己，而且要管好配偶、子女和身边工作人员，决不谋私利”[④]。2013 年 1 月 22 日，他在十八届中央纪委二次全会上的讲话中告诫全党：“我们共产党人决不能搞封建社会那种‘封妻荫子’、‘一人得道，鸡犬升天’的腐败之道！否则，群众

---

① 秦交锋、翟永冠：《中央亮剑官员“亲缘腐败”》，《法制日报》2014 年 10 月 24 日。

② 赵乐际：《坚持和完善党和国家监督体系　为全面建成小康社会提供坚强保障——在中国共产党第十九届中央纪律检查委员会第四次全体会议上的工作报告》，《人民日报》2020 年 2 月 25 日。

③ 李秋芳、张英伟：《中国反腐倡廉建设报告. 4》，社会科学文献出版社 2014 年版，第 71 页。

④ 中共中央纪律检查委员会、中共中央文献研究室：《习近平关于党风廉政建设和反腐败斗争论述摘编》，中央文献出版社、中国方正出版社 2016 年版，第 93 页。

是要戳脊梁骨的!”[①] 随后召开的十八届三中全会明确提出,“防止领导干部利用公共权力或自身影响为亲属和其他特定关系人谋取私利”。[②] 2015 年 1 月 13 日,习近平又在十八届中央纪委五次全会上向全党郑重提出要求:“必须管好亲属和身边工作人员,决不允许他们擅权干政、谋取私利,不得纵容他们影响政策制定和人事安排、干预政策工作运行,不得默许他们利用特殊身份谋取非法利益。”[③] 同年 6 月 24 日,央视《焦点访谈》栏目以专题报道形式聚焦“隐秘的家族式腐败”现象。2016 年 1 月 12 日,习近平总书记在第十八届中央纪委六次全会上再次强调指出:“不少领导干部不仅在前台大搞权钱交易,还纵容家属在幕后收钱敛财,子女等也利用父母影响经商谋利、大发不义之财。有的将自己从政多年积累的‘人脉’和‘面子’,用在为子女非法牟利上,其危害不可低估。”[④] 他还引用古代官贤之言——“莫用三爷,废职亡家”[⑤] 警诫全党。同年 3 月,中央纪委机关报《中国纪检监察报》接连三次在头版头条刊发家风建设系列述

---

① 中共中央文献研究室:《十八大以来重要文献选编》(上),中央文献出版社 2014 年版,第 138 页。

② 中共中央文献研究室:《十八大以来重要文献选编》(上),中央文献出版社 2014 年版,第 533 页。

③ 中共中央纪律检查委员会、中共中央文献研究室:《习近平关于党风廉政建设和反腐败斗争论述摘编》,中央文献出版社、中国方正出版社 2016 年版,第 27—28 页。

④ 习近平:《在第十八届中央纪律检查委员会第六次全体会议上的讲话》,《人民日报》2016 年 5 月 3 日。

⑤ 习近平提到的“三爷”指的是这三种人:子为少爷,婿为姑爷,妻兄弟为舅爷。

评文章，痛陈落马官员案例中屡屡出现的家族式腐败现象。[①] 尔后，10 月 27 日发布的《中国共产党第十八届中央委员会第六次全体会议公报》进一步提出："禁止利用职权或影响力为家属亲友谋求特殊照顾，禁止领导干部家属亲友插手领导干部职权范围内的工作、插手人事安排。"[②]

与官员本人直接大搞权钱交易的腐败不同，家族式腐败背后往往存在着一条以血缘和姻缘为纽带"同气连枝"的隐秘利益输送链，查办家族式腐败也常常要比查办官员直接贪污受贿难度更大、成本更高，其作案方式隐蔽、涉案人数众多，对整体的经济发展、政治生态、社会生态产生的危害更大。在经济上，造成国家的经济利益损失，破坏正常的市场竞争，影响经济持续健康增长；在政治上，严重败坏党和政府形象，蛀蚀党的执政根基；在社会上，不但激化仇官仇富思想，让人们心态趋于失衡，不再崇尚诚实劳动和合法经营，由金钱崇拜转向权力膜拜，而且易导致亲情泯灭、人与人之间信任关系断裂，社会公德的底线被严重拉低。这表明，有效消除官员与家族成员之间形成亲情与血缘、权力与利益

① 参见何韬：《传承好家风　汇聚正能量——家风建设系列述评之一》，《中国纪检监察报》2016 年 3 月 25 日；王少伟：《家风败坏，祸起萧墙——家风建设系列述评之二》，《中国纪检监察报》2016 年 3 月 30 日；杨诗琪：《亲情应与权力"绝缘"——家风建设系列述评之三》，《中国纪检监察报》2016 年 3 月 31 日。

② 《中国共产党第十八届中央委员会第六次全体会议公报》，《人民日报》2016 年 10 月 28 日。

相互勾连的家族式关系网、利益链和腐败圈，业已成为反腐实践中一个亟待解决的问题。

家族式腐败并非为中国所独有，是个国际问题，不管这个国度和地区的政治制度、经济发展水平、历史文化传统如何，都会不同程度地存在着家族式腐败现象，有所差别的只是其家族式腐败的规模和程度不同。本书将从古今中外的视野，对中国（也包括具有相似东方文化特性的部分东亚国家）在纵向与横向维度就家族式腐败问题进行研究，以期在此基础上得出关于治理家族式腐败诸多有益的镜鉴与启迪。

要系统性地研究一个社会问题，最好的方法便是从这个问题的逻辑起点——概念展开。同样地，要研究家族式腐败这一社会问题，就不能不对家族式腐败的基本概念进行必要的研究和阐释。因此，对家族式腐败及其相关概念加以确切的界定和辨析，并在此基础上揭示家族式腐败的基本特征是本研究中绕不开的一个话题。

认识现实总是离不开历史。倘若追根溯源的话，家族式腐败并非当今中国所特有，事实上古已有之，且域外社会同样不同程度地存在，只是由于所依存的社会形态、历史环境、文化习俗等不同，其出场的样貌和表征不尽相同罢了。因此，要深刻认识家族式腐败这一社会现象，探寻家族式腐败生成与衍化的特点及其内在规律，特别是洞悉不同社会形态下遏制家族式腐败的经验镜鉴，理应透过历史的这面镜子来追溯家族式腐败的本源。

作为一种极为复杂的社会现象，家族式腐败的手段和途径及其表征可谓花样百出。通过对大量家族式腐败案例的形成和发展过程进行归纳分析，可以发现其运作方式具有一定规律性，如收受贿赂曲线化、利益输送关联化、利益回馈期权化、利益交换网络化等。又由于家族式腐败植根于我国特有的基于差序格局的亲情文化中，是以血缘、姻缘等亲情关系为基础的，因而它的发生逻辑既具有其特殊的规律，又比一般腐败现象更为复杂多样。

探究腐败的病源与症结是对其进行精准打击、进而有效治理的前提和基础。而对古今中外家族式腐败的历史考察和梳理，对家族式腐败运作规律和生成逻辑的探讨，实际上就是尝试探寻治理家族式腐败之途。

目　录

第一章　家族式腐败的含义、特征与危害 / 1
第一节　家族式腐败的含义：厘定与辨析 / 1
　一、家族的含义解析 / 2
　二、家族式腐败释义 / 5
第二节　家族式腐败的典型特征：全景式扫描 / 10
　一、关系的亲缘性 / 11
　二、结构的稳固性 / 12
　三、权力的家族性 / 14
　四、行为的通谋性 / 16
　五、活动的隐匿性 / 19
　六、荣辱的共生性 / 22
第三节　家族式腐败的负面影响：多层面考察 / 24
　一、从政治层面考察家族式腐败的危害 / 24
　二、从经济层面考察家族式腐败的危害 / 30
　三、从社会层面考察家族式腐败的危害 / 36
　四、家族式腐败极易演化为政治上腐化与

经济上腐败问题相互交织的利益集团 / 41

第二章　家族式腐败的历史与现状透析 / 46

第一节　历史回溯：中国历史上家族式腐败简要考察 / 46

一、东汉及唐代的外戚家族腐败 / 47

二、东晋的门阀士族与家族腐败 / 49

三、明、清时期的高官及宗室家族腐败 / 52

第二节　现实图景：当下查处的家族式腐败案例扫描 / 56

一、家族式腐败查案数量：随涉腐案件查处数量的增长而增长 / 58

二、家族式腐败发生层域：呈现多层次、多领域特点 / 59

三、家族式腐败表现形式：趋向隐蔽化、智能化 / 61

四、家族式腐败作案空间：呈现日益明显的国际化趋势 / 65

五、家族成员涉腐败结构："夫妻档""父子兵"现象更为凸显 / 67

六、家族成员涉腐败情形：越来越复杂多样化 / 68

第三章　家族式腐败的运作模式 / 73

第一节　共同受贿模式 / 73

一、共同受贿中的角色扮演：从参与协助到主动出场 / 74

二、共同受贿中的行为主体：以血缘为波纹向家族扩散 / 79

第二节　权力荫庇模式 / 82

一、荫庇仕途："朝里有人好做官" / 85

二、荫庇经商："大树底下好乘凉" / 90

第三节　期权投资模式 / 100

一、基本关系模式的演绎 / 102

二、两种运作类别的呈现 / 104

三、运作过程、特点与机理 / 109

第四章　家族式腐败的发生逻辑 / 113

第一节　关于腐败原因的经典解释 / 113

一、基于权力的多重因素理论 / 116

二、腐败发生的二元因素理论 / 118

三、腐败发生的三元因素理论 / 121

第二节　家族式腐败的发生条件及作用机理 / 125

一、家族式腐败成因的解释路径 / 125

二、家族式腐败的发生条件及机理 / 127

第二节　家族式腐败的文化和传统因素考察 / 135
一、建筑于血亲基础之上的传统观念 / 135
二、超越“大家”的小族群利益驱动 / 150

结　语 / 159
一、廉洁齐家、树立良好家风 / 160
二、以史为鉴、传承廉洁家风 / 163
三、强化督促、抓好家风教育 / 166

参考文献 / 169
后　记 / 189

第一章
家族式腐败的含义、特征与危害

要研究家族式腐败问题，就不能不对家族式腐败的基本概念进行必要的研究和阐释。有鉴于此，本章研究的旨趣在于：首先，对家族式腐败及其相关概念加以辨析和界定；其次，对家族式腐败的基本特征作梗概性分析；最后，在厘清基本概念和归纳基本特征的基础上，从政治、经济、社会等多维层面揭示家族式腐败的危害。目的是让人们对家族式腐败这种社会现象有一个总体概念和大致印象，以帮助人们更清楚地认识和评估这种现象，从而为探究其负面危害、运作模式、生成逻辑等奠定坚实基础。

第一节　家族式腐败的含义：厘定与辨析

为了更好地研究本文的主题——家族式腐败，就必须对家族和腐败这两个核心用语先进行一番考察和梳理，并在此基础上就家族式腐败及与其相近概念加以辨析和区分，从而为本书的后续研究提供语义和概念基础。

一、家族的含义解析

家族和家庭是社会学中两个相似而又范围不一致的重要概念。根据《辞海》的解释，“家庭”是指“由婚姻、血缘或收养而产生的亲属间的共同生活组织”。马克思、恩格斯曾经指出，“每日都在重新生产自己生命的人们开始生产另外一些人，即增殖。这就是夫妻之间的关系，也就是家庭”①。在现代社会生活中，家庭就是指一夫一妻制的个体家庭（单亲家庭），其通常表现为“户”，一户即为一家，姻缘关系、血缘关系是组成家庭的纽带，家庭成员之间血缘关系最“亲”、最“近”，也最为直接。家庭的规模大小主要受家庭生育量与家庭结构两个因素的影响，如育龄妇女生育子女越多，家庭规模越大；复合式家庭比例越大，家庭人口平均数也大，反之亦然。

相比家庭而言，家族的范围则更为宽泛，《人口科学辞典》释义道：家族是指“家庭的联合，两个及以上的家庭彼此间的亲属关系”，包括父族同宗亲属、母族同宗亲属和妻族的亲属集团。家庭和家族的区别在于，家庭有同居共财之义，而家族不以同居共财为限。旧制度的家族有“九族”之称，即“父族四，母族三，妻族二”。

---

① 廖盖隆等：《马克思主义百科要览》（下卷），人民日报出版社 1993 年版，第 2383 页。

九族中，纵向有父母、祖父母、曾祖父母、高祖父母、已身、子、孙、曾孙、玄孙；横向有已身、兄弟、堂兄弟、再堂兄弟、三堂兄弟、姊妹、堂姊妹、再堂姊妹、三堂姊妹。围绕着纵横向的九族，形成了九族与五服的家族结构图。每一种亲属，无论父党、母党或妻党，也无论远亲、近亲，均有一种特殊称谓，以表明其特殊的身份。就家族结构而言，有单一家族与复合家族之称。单一家族，以一对夫妻加子女构成，或一对夫妻加子女，再加旁系近亲，即兄弟姐妹构成；复合家族，则是由两对以上夫妻构成，或两对以上夫妻加各自子女，或再加上各自旁系近亲兄弟姊妹构成。[①] 由此可见，家族常常表现为“大家庭”“大家子”，包括数个有着亲缘关系的个体家庭，其规模大小与所组成的家庭规模大小成正相关。诚如我国著名的社会学和人类学家费孝通所指出的：“家族在结构上包括家庭；最小的家族可以等于家庭。因为亲属的结构的基础是亲子关系，父母子的三角。家族是从家庭基础上推出来的。”[②] 所以家族是包含家庭在内的更大的社会共同体，因而家族内部成员之间的关系具有远近亲疏之分，亲属关系具有更多的间接性（家族间亲属关系及其亲疏度见表1—1）。

① 李彬：《山西民俗大观》，中国旅游出版社 1993 年版，第 353—354 页。

② 费孝通：《乡土中国》，上海人民出版社 2013 年版，第 38 页。

表 1—1　家族亲属关系及其亲疏度概况

亲属称谓	亲属关系	亲属关系	亲疏程度
父母	长辈自然直系血亲	三代以内直系血亲	* * * * *
子女	晚辈自然直系血亲	三代以内直系血亲	* * * * *
养父养母	法律拟制直系血亲	直系血亲	* * * *
养子养女	法律拟制直系血亲	直系血亲	* * * *
兄弟姐妹	平辈旁系血亲	三代以内旁系血亲	* * * * *
丈夫、妻子	配偶	配偶	* * * * *
叔、伯、姑	长辈旁系血亲	旁系血亲	* *
侄子女	晚辈旁系血亲	旁系血亲	* *
儿媳、女婿	直系血亲的配偶	直系姻亲	* * *
公婆、岳父母	配偶的直系血亲	直系姻亲	* * *
姐夫、妹夫、嫂子等	旁系血亲的配偶	旁系姻亲	* *
小姑子	配偶的旁系血亲	旁系姻亲	* *
妯娌、连襟	配偶血亲的配偶	姻亲	* *

家庭或家族在中国社会生活中占据着重要的位置。费孝通在《乡土中国》中对中西不同文化背景下家庭的功能和意义做了对比分析，他指出：“在西洋家庭团体中，夫妇是主轴，夫妇共同经营生育事务，子女在这团体中是配角，他们长成了就离开这团体。在他们，政治、经济、宗教等功能有其他团体来担负，不在家庭的分内。”[①] 而在中国，不论政治、经济、宗教等功能都可以

① 费孝通：《乡土中国》，上海人民出版社 2013 年版，第 39 页。

利用家族来担负。与此同时，中国的家庭是一个连续性的事业社群，“它的主轴是在父子之间，在婆媳之间，是纵的，不是横的。夫妇成了配轴。配轴虽则和主轴一样并不是临时性的，但是这两轴却都被事业的需要而排斥了普通的感情……一切事业都不能脱离效率的考虑。求效率就得讲纪律；纪律排斥私情的宽容。在中国的家庭里有家法，在夫妇间得相敬，女子有着三从四德的标准，亲子间讲究负责和服从。”[①] 无独有偶，庄泽言在考察中西差异时也曾指出：“中国与西方有一根本不同点，西方认为个人与社会为两对立之本体，而在中国则以家庭为社会生活的重心，消除了这两方对立的形势。”[②] 此外，梁漱溟在《中国文化的命运》中也提到了家庭之于国人的实质意义：“人生实存于各种关系之上，而家人父子乃其天然基本关系；故伦理首重家庭。父母总是最先有的，再则有兄弟姐妹。既长，则有夫妇，有子女；而宗族戚党亦即由此而生”。[③] 由此可见，我国是一个重亲属、重家庭的伦理社会，无论是传统社会里还是现代社会中，基于血缘、姻缘为纽带的亲情关系网一直在社会关系、政治关系、经济关系中占据重要地位，并发挥重要影响。

二、家族式腐败释义

腐败具有复杂性，因而往往成为一种人人都在议论

---

① 费孝通：《乡土中国》，上海人民出版社 2013 年版，第 39—40 页。

② 梁漱溟：《中国文化要义》，学林出版社 1987 年版，第 12 页。

③ 梁漱溟：《中国文化的命运》，中信出版社 2012 年版，第 134 页。

却又无法说清楚的现象。俄罗斯学者萨塔罗夫曾直言不讳地说："任何一种复杂的社会现象，都没有一个统一的正经八百的定义，贪污腐败现象亦如此。"[①] 腐败作为一种复杂、多层面、有系统组织的社会现象，是经济、法律、社会、管理、政治以及伦理等多种成分的有机统一，涉及制度、权力、政治、法律、道德、文化等诸多因素，同时在不同学科或领域视野下对腐败概念的界定维度不同，因而对腐败的理解和表述自然也会见仁见智。

从政治学视野看，腐败无疑是一种公权力滥用的行为，公权力蜕化变质为私有化。世界银行定义腐败是"政府公职人员滥用权力来谋取私利的行为"[②]。从经济学视野看，腐败是一种设租寻租的市场化交换行为，即寻租理论所揭示的以权力与金钱的结合为基础，表现为权力转化为金钱及金钱腐化权力的逻辑过程。如著名经济学家吴敬琏先生认为："腐败是权力与货币的交换，这种'以权谋私'现象，在经济学术语上叫作设租和寻租活动。"[③] 从法学视野看，腐败是一种违反和亵渎法律制度、法律规范的行为。如美国学者约瑟夫·奈（Joseph Nye）以公职偏离法律规则来界定腐败："偏离公共角色正式职责的行为，由于（个人、家庭、私人小团体）金钱或者

① 〔俄〕萨塔罗夫：《反腐败政策》，郭家申译，社会科学文献出版社 2011 年版，第 11 页。

② 参见〔美〕迪特尔·哈勒、〔新西兰〕克里斯·肖尔：《腐败：人性与文化》，诸葛雯译，江西人民出版社 2015 年版，第 3 页。

③ 陈可雄：《反腐败必须釜底抽薪——访著名经济学家吴敬琏教授》，《新华文摘》1994 年第 1 期，第 25 页。

地位收益；或者违反关于某些类型的私人利益行为行使规则。这包括贿赂（使用酬金去误导一个处于信托位置的人的判断）；裙带关系（以先赋性关系而不是绩优来获得庇护）；滥用（非法挪用公共资源来获取私人使用）。”① 从社会学视野来看，腐败是一种社会现象，其根源便是人与社会形成的腐败性质的关系。如美国学者韦托·坦茨（Vita Tanzi）认为：“所谓腐败，乃是通过关系而有意识地不遵从规则，试图从该行为中为个人或者相关的个体谋取利益。”②

应当说，不同的学科视野对腐败的理解和表述虽不尽相同，但均有其合理的方面，且都从不同维度和侧面揭示了腐败的多维本质和特性，并对腐败行为涉及的诸多核心元素和要件形成了趋于一致的共识，即腐败概念的界定维度至少应当包含腐败行为的主体、腐败行为的载体、腐败行为的动机（目的）及腐败行为的后果（客体）等诸方面。这就为家族式腐败的释义奠定了基础。

前文对家族和腐败两个概念的若干解释，对于我们全面、准确地理解和把握家族式腐败的含义具有很大的帮助，同时也为我们更好地界定和理解家族式腐败奠定了基础。在此前置条件下，结合学术界与实务界对家族式腐败的既有定义，本书对家族式腐败的概念试做如下

---

① Joseph. S. Nye，“Corruption and Political Development：A Cost-Benefit Analysis”，American Political Science Review，Vol. 61，No. 2，1967，pp. 417-427.

② 〔美〕韦托·坦茨：《世界范围内的腐败：原因、后果、范围和医治对策》，胡鞍钢主编：《中国：挑战腐败》，浙江人民出版社 2001 年版，第 211 页。

界定：

家族式腐败是指国家公职人员及其家族成员出于谋取家族私利的目的，通过共同运作（如指使、合谋、串通、纵容等）方式滥用公共权力、公共资源或破坏法制准则的行为，即官员与其家族成员结成同盟、共同开展腐败活动的现象。家族式腐败形成了以一个“主要的权力人物”为中心，按照“血缘关系、姻缘信任”原则，以“水波涟漪的方式”逐步扩散的关系网、利益链和腐败圈。正确理解和准确把握家族式腐败的基本含义可从以下几个方面入手：

第一，家族式腐败的主体具有多元性。有学者指出，公职人员利用公权力谋取私利行为的实施主体除了公职人员外，非公职人员即公职人员的亲属（特定关系人），也可以是实施主体。[①] 在家族式腐败中，其行为主体分为元主体与寄生性主体两大部分。前者是指享有公共权力、履行公共职责的国家公职人员；后者则指的是国家公职人员的家族成员（家属、亲戚），他们或主动或被动地参与腐败行为，并在腐败活动中扮演一定的角色，凭借与公职人员先天的血缘或缔结的姻亲关系而具有特殊的影响力，即“国家公职人员的亲属凭借与公共权力执掌者

---

① 田禾、吕艳滨：《论公职人员亲属营利性行为的法律规制》，《马克思主义研究》2014 年第 2 期，第 129—137 页。

的特殊关系，无形中被赋予了一定的特殊地位和递延权力”[①]。现实中的家族式腐败现象既包括掌握公共权力的公职人员携手其无法定权力的家族成员而实施的腐败行为，也包括无法定权力的家族成员利用公职人员的职权或职务影响牟利的腐败行为，当然还包括公职人员与其同样是公职人员的家族成员共同实施的腐败行为。

第二，家族式腐败的动机是牟取家族私利。腐败行为是一种公共权力异化的现象，是公共权力与私人欲望相结合的产物，其核心在于运用公共权力来牟取私利。因而，腐败行为是具有主观故意动机的追逐私利实现的过程。而家族式腐败行为与其他腐败行为相比，其追逐的利益不单单是一己之私利，而是要为家庭家属、家族亲属谋取利益。

第三，家族式腐败的载体是借助公共职务赋予的公共权力，包括法定的机构性权力或国家赋予的公共资源，其行为通常违反党纪或国法。需要指出的是，不管家族式腐败的手段、方式如何，该腐败现象同其他腐败现象一样均离不开公共权力的运作，都需要依靠公共权力来实现寻租交易、利益输送等。

第四，家族式腐败的形式体现为公职人员与其家族

---

① 有学者指出，权力递延化属于国家公职人员的一种利益冲突，是公共权力的非公共性运用。运用该递延权力的主体不是国家公职人员本人，而是其家庭成员。权力递延化的结果就是家庭腐败。参见庄德水：《公共权力腐败的利益冲突根源》，《中共中央党校学报》2011 年第 4 期，第 26—29 页。

成员在腐败中的串通、合作与勾结，相互之间达成腐败默契，结成牢固的血缘、亲情利益共同体，利益共享、风险共担、一致对外，这种家族成员齐心协力的腐败模式，是家族式腐败重要的形式特征。换言之，家族式腐败不是腐败官员一人在“孤军作战”，其腐败问题往往或多或少地牵涉家族当中的某些成员，有时甚至牵涉整个家族成员。

第五，家族式腐败的后果通常是在不正当地满足和实现家族及其成员私利的同时，使得国家和人民利益遭受损失或公共资源遭到浪费抑或法制准则遭受破坏，即公职人员的家族私利对其公共职位所代表的公共利益、公共资源的侵占和损害，或对公共秩序的破坏。从现实情况来看，大多数家族式腐败大案要案往往侵犯的直接客体是公共利益（即国家和人民利益），公共利益的受损程度、公共秩序的破坏状况等，是衡量家族式腐败严重程度的重要指标。

第二节　家族式腐败的典型特征：全景式扫描

鉴于家族式腐败是一种相当复杂和牵涉面甚广的人类社会现象，要充分了解它的实质，除了要对其概念进行准确界定之外，还应详细探讨其具备哪些本质特征。一些廉政观察者和媒体认为，家族式腐败具有成本低、收益高，腐败动力十足以及疯狂掠夺财富等特点，这仅仅只是看到了其表象，却并未抓住其内在的本质特征。概言之，笔者认为，我国当下的家族式腐败现象主要呈现出六大基本特征。

一、关系的亲缘性

从腐败主体来看，家族式腐败者（包括主导者、参与者）之间首先是具有亲密的血缘、姻缘关系的，且其亲缘关系呈现“差序格局”的特征，内部关系有着亲疏远近之分。我国社会学与人类学家费孝通认为，传统中国的社会格局如同水面上泛开的涟漪一般，由自己延伸开去，一圈一圈，按离自己距离的远近来划分亲疏，即人们随着与自我关系的远近亲疏来构建具有差序结构的社会网络。

根据费孝通提出的差序格局特点，于铁山将中国人的交往对象由近及远概括为三个层次：熟人、半熟人与陌生人[①]。在此基础上，吴光芸、李梦娜进一步将腐败社会交往对象划分为家庭圈、家族圈、熟人圈与半熟人圈。[②] 就腐败交往关系的亲密度而言，离官员这个中心点越近、越靠近家庭血缘关系，关系的亲密度越高；反之，亲密度逐层降低。由官员的配偶与直系血亲所组成的家庭圈，显然处于极为亲密的核心关系区域；除去官员的

---

① 参见于铁山：《“差序格局”视角下的权力腐败路径——基于广东 36 个受贿个案的实证研究》，《广东行政学院学报》2015 年第 6 期，第 36—42 页。

② 参见吴光芸、李梦娜：《结构、路径与治理：差序格局视域下家族式腐败》，《领导科学》2016 年第 35 期，第 9—12 页。

家庭圈成员，与官员拥有共同的祖先、血缘或具有姻亲关系、养育关系的亲属、亲戚所组成的家族圈，处于次亲密的核心关系区域。而熟人、半熟人所组成的圈层则是处于不太亲密的外围圈，容易被中心圈所排斥。

从现实来看，家族式腐败中的腐败主体之间具有亲密的血缘、姻亲关系，他们之间构成的腐败共同体首先是建立在彼此亲密的关系基础之上的，而不是像官场“帮派利益集团”那样仅仅是基于某种利益关系而形成的。参与家族腐败者（即元主体与寄生性主体），几乎都是自己的家人、亲属或亲戚（有时可能是亲属串连着亲属），并且均是处于核心关系区域（个别往来较少的远亲除外）之内的成员，相互间是一种长久稳定且亲密的亲缘关系。因此，在这种“亲人社会”里，权钱交易、利益共谋、利益输送等均是在家族核心关系圈层内部运作，外人要想分享权钱交易、利益共谋、利益输送等带来的好处，必须绞尽脑汁挤进核心关系圈层内部。此外，由于亲缘关系是与自己关系最亲密的“自己人”，官员在与其交往时自然会有别于同“外人”交往时的原则，会不遗余力地滥用公权力为他们牟取利益。

二、结构的稳固性

任何一种利益共同体都有与其生存和发展需求相适应的内在结构。美国社会学家戴维·波普诺（D. PoPenoe）指出：“‘结构’这一术语是指某一整体中的各部分相互联系的方式，社会结构就是指一个群体或一个社会中的各要素相互关联的方式。”[①] 需要指出的是，结构并非仅仅限定于外显的物质形态，还包括内隐的观念形态。在中国社会的文化情景中，结构与社会秩序和社会发展具有较强的关联性。美国汉学家费正清对中国社会的结构有着相当深刻的认识：“从社会角度看，村子里的中国人直到最近，主要还是按家族制组织起来的，其次才组成同一地区里的邻里社会。”[②] 即乡土中国是由一个个家庭及放大了的家庭——家族所构成的。

很显然，在费正清的论述中，结构是指对人们交往活动产生深远影响的差序结构及其运行规则。由于家族式腐败的参与对象均是家族结构中的成员，黏合这些人的不是外在的地缘、学缘、业缘、友缘，而是内隐在脑海中、镌刻在身体里的血缘、姻缘。因而，与基于“无利不拉帮，无利不结派”而形成的各种官场帮派等利益圈子相比，由血统、婚姻关系黏合而成的家族利益共同体更具有强大的内聚力和排他性，其内部结构更加稳定、牢固，家庭和家族成员之间的信任和利益共享的程度均要高于集体腐败及其他类型结构的腐败。如学者邵道生所指出的：“‘家族腐败’是‘家族血缘型’的，亲情和血缘纽带使整个家族形成‘结构’更为紧密、更为

① 〔美〕戴维·波普诺：《社会学》，李强等译，中国人民大学出版社 2005 年版，第 94 页。

② 〔美〕费正清：《美国与中国》，张理京译，世界知识出版社 1999 年版，第 25 页。

稳固的利益共同体、权力共荣圈，因而是‘堡垒’中的‘堡垒’”[①]，即是一种“比较恒常的模式”[②]，家族成员之间的相互联系与往来一般不会因为一时一地的利益得失而轻易拆散。

一方面在于它是血缘共同体。官员和家族亲属构筑的腐败共同体是以血统关系为基础的，血统关系一经形成便无法更改。所以，由血缘关系构成的家族腐败共同体是最为牢固的，因为“血浓于水”。中国民间因此而流传的“打虎亲兄弟”“上阵父子兵”可称作是其最鲜活的注解。另一方面在于它是信任共同体。腐败家族成员之间，是彼此关系最为亲密、最信得过、也是最靠得住的家人、亲属，彼此感情深厚、知根知底，过从甚密、便于沟通，容易彼此耦合、沆瀣一气，极易在主观上形成共同腐败的意愿，在腐败目的、动机、手段和方式上达成共识，结成有非常高信任度的腐败利益共同体，结成攻守同盟，即便东窗事发也自持彼此间这种“血浓于水”“情重于法”的过硬信任关系，负隅顽抗。

三、权力的家族性

权力的家族性与家族式腐败相伴而生。几乎所有家族式腐败的背后，都若隐若现地展现出权力的家族性特征。这也是区分家族式腐败与其他一般腐败的重要标识

① 邵道生：《中国：阻击腐败》，社会科学文献出版社 2009 年版，第 333 页。

② 〔日〕青井和夫：《社会学原理》，刘振英译，华夏出版社 2002 年版，第 92 页。

之一。众所周知，官员手中的权力是人民赋予的，具有公共属性，理应用于谋取公共利益的最大化。权力的家族性则意味着公权力异化成了用于谋取家族利益的私权力。林喆认为，公权力内部结构的异化主要发生在如下五个层面上：一是权力与职务相分离，即公权力成为无须受公职限制便可独立存在的一种私权力；二是权力与主体相分离，即公权力不再是群体、社会或国家意志的表达，而成为职务者个体的私权力；三是权力与客体相分离，即公权力不再仅仅指向某一特定对象或不再局限于特定对象范围内，而扩张为一种能够支配诸多客体的力量；四是权力与职能相分离，即公权力的职能成为公职人员满足个人私欲的一种手段，对于实质主体（社会、国家或群体）而言，其职能已发生变化；五是权力体系的分裂，即随着公权力与主体、客体、职务、职能的分离，特定的公权力体系本身也分裂为两个部分：抽象的公权力形式地存在着，具体的公权力实质性地被转移，并借助于国家力量的支持而给私人带来利益。[①] 随后，有专家学者就公权力异化的向度进行了探究，并勾勒出了一条清晰的公权力异化脉络：公权力部门化—部门权力个人化—个人权力再进一步家族化。[②]

事实上，在家族式腐败中，公权力与形式主体所代

① 参见林喆：《权力腐败与权力制约》，山东人民出版社 2012 年版，第 73—75 页。

② 参见《人民论坛》“特别策划”组：《公权力异化脉络——三个向度的异化：权力部门化、部门权力个人化、个人权力家族化》，《人民论坛》2014 年第 12 期，第 14—15 页。

表的实质主体、职务、职能发生了分离。它不再是公共利益的表达，而成为形式主体自己所拥有的权力，一种个体的私权力，并且这种个体的私权力能够基于血亲、姻亲关系在形式主体的家族内部私相传袭、递延、转移和扩散。由此，公权力异化为官员个体的私权力、官员个体的私权力又演变为官员亲属、亲戚的不当得利，即将公权力与家人、亲戚共享，让公权力在近亲中繁殖，为家族亲属牟利的同时形成公权力与财富的循环互动。

安徽双轮集团原董事长兼总经理刘某卿把国有企业搞成“家族私企”，将公权力变异为家族私权力的家族腐败窝案堪称典型。在整个双轮集团公司内部，形成了一个以刘某卿为轴心的家族式腐败团伙。拥有巨额资产的国有大型企业，却在一个家族及其“铁杆亲信”的牢牢控制之下，处于“金字塔塔尖”的是刘某卿。在刘某卿的授意安排下，其三个兄弟相继进入集团的不同领导岗位，把持销售、包装、保安等关键岗位。刘某卿的一些亲戚和“铁杆亲信”也被安插在企业的中层干部岗位，如其妹夫任集团副总兼纪委书记、外甥是集团的总经理助理。刘某卿将党和人民赋予的公权力变异为他的家族私权力。

四、行为的通谋性

与个体腐败相比，家族式腐败的一个重要特征就是官员亲属涉案的腐败行为具有明显的通谋性。所谓通谋，是指圈子成员彼此之间具有共同利益，但依靠个体力量尚不足以实现共同利益，于是他们通力合作，为实现共同利益而一致行动。行为的共谋性是家族式腐败的内在逻辑和显著特性。从现实来看，官员与家族成员实施腐败行为的通谋性，既可能体现在事前腐败行为中，也可能表现在事中腐败活动中，还可能外显于事后腐败现象中，更可能是三者兼而有之。从大量家族式腐败案例来看，事前通谋主要表现为：实施腐败行为前官员和亲属的共同商议、彼此通气、精心谋划；事中通谋表现为实施腐败行为过程中官员和亲属相互配合、默契协作，如“一方办事、一方收钱”，“一方经商办企业、一方运作公权力”，等等；事后通谋则主要表现为腐败行为发生后，官员和亲属共同掩盖腐败行为，如合谋转移藏匿赃款赃物、毁灭罪证、订立攻守同盟、上下打点及相互串通证人等。

在这方面，湖南省高速公路管理局原局长冯某林可谓是个事前、事中与其亲属通谋腐败的典型。冯某林在担任湖南省高速公路管理局局长后，对弟弟冯某乔说：“现在我当局长了，你到高速公路上做点事还是可以，机会也有，但是你自己不要出面。”2009 年，冯某乔为一个高速公路机电工程项目来找冯某林帮忙，冯某林叮嘱冯某乔：“有事别直接找我，别人看见了不好。你别出面，你跟别人联手，让别人来找我。”冯某乔心领神会，找到商人王某商量合作，由冯某乔负责向冯某林转达请托，不参与施工，但分一半利润。冯某林多次接受冯某乔转达的请托，利用职务便利，帮助王某中标数个工程，使其获得款项为9.83亿元的工程合同。冯某林伙同冯某乔由此实际获得1700多万元的好处费。

2000年9月河南省沁阳市铝电集团公司原总经理秦某歧因犯受贿罪和巨额财产来源不明罪，一审被判处死刑，缓期两年执行。秦某歧的妻子任某某及一个儿子、三个女儿、三个女婿、一个儿媳全家十口，也先后因涉嫌贪污、受贿、行贿、包庇、窝赃、巨额财产来源不明罪被检察机关依法逮捕。据纪检监察机关披露，为减轻罪责、逃避调查，秦某歧决定把证据全部转移。随后，秦某歧召开了家庭会议，安排部署了三件事情：第一，厂内秦家的集资款条要找几家可靠保险的人家分散保存，记在他们的名下，让他们出面去办；第二，由妻子任某某把家里的钱告诉子女们，存折上是谁的名字，存折就归谁；第三，由妻子任某某负责把秦家在企业的贵重东西向外转移。正是这次家庭会议，给以后案件的查处带来很大困难。秦某歧每次收的钱或由妻子代收的钱均由任某某保管。任某某为遮人耳目，以其子女及亲戚的名字存在不同银行。任某某转移给儿媳妇存折14张共39.95万元，后儿媳妇又将这些转移到她的亲戚家；转移给长女、女婿存折及集资单共563万元，由他们分散转移；转移给二女婿密码箱一个，内装存折 19 张，集资单 7 张及大量现金；……在任某某名下，人民币存折共 62 张、外币存折 5 张、集资单 170 张。这次赃物赃款大转移，可谓动用了秦家所有的亲戚关系，形成了亲戚转亲戚又转亲戚的“全家总动员”。在此案例中，秦某歧的配偶、子女不仅借助他的权势大肆从事非法牟利活动，而且在腐败行为即将败露之际，全家通过亲戚转亲戚再转亲戚的方式上演了一曲“家族总动员”式的赃款赃物转移“大合唱”。

五、活动的隐匿性

与简单直接的权钱交易、权权交易、权色交易相比，由于腐败官员家族成员的介入，家族式腐败的作案形式和手段变得异常隐蔽。无论是权钱交易，还是利益输送，抑或是利益交换通常是曲线迂回发生的，如采取权钱交易间接化、腐败手段隐匿化、利益交换期权化、利益输送地下化等具有迷惑性的“曲线腐败”手法。为此，有专家学者将“曲线腐败”称作我国社会转型期家族式腐败的一种重要特征。①

就权钱交易来说，家族式腐败交易的主体隐匿、交易的手段隐蔽。腐败官员通常不直接出面索贿或受贿，而是通过其身边的配偶、子女及其他亲属、亲戚来实施。

① 参见邵道生：《中国：阻击腐败》，社会科学文献出版社 2009 年版，第 326 页。

在整个权钱交易过程中，办事与收钱是截然分开进行的，即“办事的官员不收钱，收钱的亲属不办事”，官员和亲属的合谋贪腐行为极其容易被掩盖，具有很强的遮蔽性。国家药监局原局长郑筱萸一家的“敛财术”可称为典型。郑筱萸的妻子刘某某在与浙江商人李某某就如何翻新权钱交易的招数方面可谓“煞费苦心”。李某某与刘某某商量后，决定先邀请刘某某担任公司顾问，然后再给予一定“顾问费”。这种有了劳动再付报酬的办法，获得了双方的肯定。当郑筱萸知道妻子与李某某有这样的“经济关系”后，批办许可证的积极性自然高涨。1997 年，李某某想到了旗下公司要新办一个车间，于是马上抛出绣球，邀请刘某某投资入股。他告诉刘某某，这个入股只是名义上的，其实根本就不需要她出钱。但对外界，或者说从法律的角度来说，还是出钱的。具体办法是，先由李某某借 5.2 万元给刘某某，刘某某出具借条；然后拿这笔钱入股，等到分红后再从分红中拿钱还借款。几年下来，刘某某从李某某处领取的分红，截止到案发前为 22.8 万元。[①] 通过案例可以看到，由于亲属串连亲属，整个权钱交易过程看似与郑筱萸这些贪官无关，实际上则是他们的亲属充当了家族敛财共同体的“经纪人”“操盘手”。而郑筱萸等人之所以在已然涉腐后还能长期安然无恙甚至“边腐边升”，就因他们表面廉洁，贿金从不经自

---

① 参见高新：《郑筱萸一家的“敛财术”》，《检察风云》2007 年第 15 期，第 16—19 页。

己的手，都由家族中的其他人代理；其腐败活动的迷惑性可见一斑。

就利益交换来看，交换的方式隐蔽，且经常是借以合法合规的掩护粉墨登场。比如，官员 A 打着合理使用干部的幌子提拔照顾官员 B 的亲属，反过来官员 B 也打着合理使用干部的幌子提拔照顾官员 A 的亲属；官员 C 和官员 D 分别是不同领域或地域国有企业的领导人员，各自亲属分别经商办企业，然后官员 C 和官员 D 彼此或通过政策偏袒，或通过透露内部信息，或通过出面站台打招呼、作批示等方式“关照和帮助”对方亲属的经营活动。从表面看上，官员 A 和 B 确实没有搞任人唯亲、裙带提拔和近亲“繁殖”，而且整个过程可能统统都是“照章办事”，但实则是掩盖在相互利益交换背后的隐性的“换手挠痒”；同样地，官员 C 和官员 D 并未违反亲属不能在领导干部本人管辖地域、分管业务领域经商办企业的相关规定，交叉向对方亲属利益输送似乎是合法合规，但实则是“借鸡下蛋”实现利益交换罢了。可见，两种利益交换行为均具有很强的欺骗性。

就利益输送而言，利益输送的“渠道”特别隐蔽，往往是掩映在利益冲突的背后私下暗地里进行，如亲属经商、办企业或承接项目，官员利用职务或影响力对亲属所属企业或经营活动加以照顾；通过亲属设立各种复杂的外部公司、交叉持股子公司、内幕交易、虚报财务成本玩亏损等；通过对亲属所在行业进行政策倾斜或财政扶持等，都是为了达到利益输送的目的。2009 年 1 月金融危机肆虐之际，广东省中山市颁布了扶持房地产业发展的意见，出台了多项优惠措施，时任市长李某红对外界的质疑解释说，“政府救的不是一个房地产业，而是整个产业链”，“楼市低迷对政府的整个税收都会有影响”。实际上，这只是欲盖弥彰的说法，李某红的丈夫、弟弟都是中山市第五建筑工程有限公司的股东，且其弟李某某还担任五建的法人代表，中山五建同时又是中山市丽景湾房地产发展有限公司股东，并且中山市多个工程和房地产项目背后都隐约有李氏家族运作的身影。不难想象，身为市长的李某红所主导制定的诸多扶持房地产业的政府优惠政策，看似是政府救助楼市的公共行为，实则是公权力被家庭私利所俘获下的不正当输送利益行为，致使政府公共资源的配置违背了公共性原则，给经商办企业的亲属实现利益输送披上了一件“合法”的外衣。

由上观之，家族式腐败通常是背离组织、背离群众进行的，腐败活动容易被掩盖，具有隐匿性；同时家族式腐败者还时常打着合法合规的幌子，往往是以“正确”、“合法”的掩护粉墨登场，具有遮蔽性，使人们失去对其背后权钱交易、利益交换和利益输送的警惕。

六、荣辱的共生性

西班牙腐败问题研究学者约瑟·阿提拉诺·派

纳·洛佩兹（José Atilano Pena López）等人依据成员之间相互信任及亲密程度将社会资本（关系结构）划分为三种类型：黏合型社会资本、桥接型社会资本、连接型社会资本。其中，亲密程度和信任程度最高的是黏合型社会资本，它表现为家族关系、与同一家族成员或与关系密切的群体成员之间的关系。[①] 在家族式腐败中，黏合腐败家族成员之间是血缘和姻亲，使之相互结成荣辱一致的家族命运共同体。恰似曹雪芹在《红楼梦》中描绘因血缘、姻亲相连的贾、史、王、薛四大家族时用过的一个评语："一损皆损，一荣皆荣。"

从近年揭露的家族式腐败案例看，几乎都不约而同地展演着"风光：家人个个显风光；疯狂：父子齐上阵或兄弟共出兵；毁灭：全家覆巢无完卵"的贪腐曲目。

2016 年 1 月 16 日，中央纪委网站通报国家统计局原党组书记、局长王保安因涉嫌严重违纪接受组织调查。同年 8 月 26 日，中央纪委发布了对王保安严重违纪问题的通报。中央纪委通报明确指出：王保安违反组织纪律，利用职务上的影响在干部选拔任用方面为亲属谋取利益；利用职务上的便利为亲属经营活动谋取利益。王保安利用自己的影响力构筑"王氏家族"，为家族贪腐代言。王保安的弟弟当中，老二老三从政，老四经商。他为二弟

① 参见〔西班牙〕约瑟·阿提拉诺·派纳·洛佩兹、约瑟·曼纽尔·桑切斯·桑托斯："Does Corruption Have Social Roots? The Role of Culture and Social Capital"，《Journal of Business Ethics》，2014（122），P697—708。

和三弟提拔打招呼，又为四弟业务牟取巨额利益。2006年1月，王保安接受组织调查，他的三个弟弟也都因涉嫌违纪或违法接受调查处理。2017年5月，法院公开审判王保安案，其一审被判无期徒刑。

第三节　家族式腐败的负面影响：多层面考察

腐败是一种世界性千古痼疾，通常被国际社会称为“全球性灰色瘟疫”。与传统的一般腐败行为相比，家族式腐败在增加腐败总量的同时，扩大了腐败的范围，不仅把巨额赃款分散化，而且把公权力家族化。由一人腐败，到一家腐败，再到家族腐败，腐败更加曲线化、更为隐蔽，牵涉人数更多，因而其危害性愈烈，对党和政府形象、政治权威合法性、市场经济秩序、政治生态及社会道德风气等造成的负面影响与损害亦愈大。毫无疑问，家族式腐败渗透于社会，对社会的各个方面均具有腐蚀作用。对此，可以从政治、经济、社会等多维度进行考察和分析。

一、从政治层面考察家族式腐败的危害

家族式腐败给党和国家整体的政治生态造成极为严重的负面影响和危害。在家族式腐败的浸染下，党和国家积极健康的政治生活被严重污染和破坏，践踏民主法治、亵渎党纪国法、扭曲政治生态、损害党和政府形

象、威胁政治权威合法地位等政治雾霾效应随之而出。

（一）践踏民主法治，挑战和亵渎党纪国法的崇高权威

党规党纪是党员干部的行为准绳，国家法律是每个公民的行为准绳。在我国查处的家族式腐败中，大部分腐败官员不仅自身作风霸道，独断专行，目无党纪国法，无视党的政治规矩，严重违反政治纪律、组织纪律等，而且还支持、纵容、默许家族亲属利用其特殊身份擅权干政、违法乱纪，肆意破坏和践踏社会公平正义，挑战和亵渎党纪国法的崇高权威。

2015 年 10 月，河北省委原书记周本顺严重违纪被开除党籍与公职。通报中指出，周本顺为其子经营活动牟取利益，对配偶子女放任纵容。其履历显示，自 2000 年担任湖南省公安厅厅长到 2013 年出任河北省委书记，周本顺在政法系统任职长达 10 余年，理应深谙党纪国法，更应自觉遵纪守法，带头维护党纪国法的崇高威严，然而他却利欲熏心，目无法纪，长期支持、纵容和包庇儿子、妻子等亲属的违纪违法行为，严重亵渎了党纪国法的神圣性、威严性。2017 年 2 月 16 日，天津市第二中级人民法院公开宣判最高人民法院原副院长奚晓明受贿案。根据检察机关的起诉，奚晓明为相关单位和个人在案件处理、公司上市等事项上提供帮助，直接或通过其子奚嘉诚非法收受相关人员给予的 1.14 多亿元的巨额财物贿赂。作为最高人民法院副院长，他从事民商事审判工作长达 33 年之久，被视为民商法审判领域的权威。奚晓明

系业内公认的学者型法官，却依然以身试法，纵容家属充当司法掮客，在中国司法界产生极大震撼。他不仅公然践踏了社会主义法治，而且还严重亵渎了党纪国法的威严，影响极为恶劣。

（二）扭曲选人用人导向，助长官场庸俗作风

用一贤人则群贤毕至，见贤思齐就蔚然成风。选什么人、用什么人是风向标，有什么样的风向标，就有什么样的干部作风，乃至就有什么样的党风政风。家族式腐败现象中，一个重要的行为就是官员伙同家人亲属卖官敛财，他们选人用人的最大标准甚至唯一标准就是钱财，不论资历、能力、业绩，严重扭曲了德才兼备、以德为先的选人用人导向，助长了官场逆淘汰之风。

苏荣在主政江西省期间，伙同家属和亲属大肆卖官鬻爵，严重污染了当地政治生态，致使很多党员干部不把主要精力放在本职工作上，而是整天琢磨苏荣及其家人喜欢什么、爱好什么。不少党员干部谈道，“与苦熬资历、干出成绩相比，行贿送礼显然更节省时间、更简单、更有效”。特别是看到资历、人际关系和业绩都不如自己的人，因为和苏荣及其家人拉上关系得到重用，也就开始走偏门。中央巡视组进驻江西后，不少群众反映，苏荣提拔的干部有的口碑不佳，有的政绩平平，实在难以服众，而那些能干会干、勤政务实的干部却得不到提拔。选人用人的这些错误导向，致使江西省掀起拉选票、走

关系甚至跑官买官的歪风。[1]

（三）严重损害执政党和政府形象，严重威胁政治权威的合法地位

家族式腐败带来的政治危害是多方面的，但更致命的是损害了执政党和政府形象，并且严重威胁着政治权威的合法地位。纵览世界各国政权兴衰史，一个政权因家族式腐败而垮台的例子并不在少数。对此，仅从印度尼西亚的苏哈托政权、菲律宾的马科斯政权因家族腐败而垮台的案例中便可窥见一斑。

1998年以来，印度尼西亚的政治、经济和社会形势出现了严峻局面。1998年5月初，政府决定大幅度提高燃油和电力价格，以减少财政补贴。这一决定引起了已经遭受金融风暴严重打击的印度尼西亚人民的不满，直接诱发了群众大规模的示威游行，进而演变成为严重的社会骚乱。5月13日下午到5月15日凌晨，仅首都雅加达和周围地区发生的严重骚乱就造成500多人死亡，经济损失约10亿美元。面对严重恶化的社会政治形势，印度尼西亚国会议长哈尔莫科18日明确表示希望苏哈托为了国家利益而明智地辞职，国会要求他最迟于5月22日辞职，否则人民协商会议将举行特别会议审议他的辞职问题。在全国一浪高过一浪的示威抗议声中，面对内外压

---

① 参见武兴华：《“全家腐”注定“全家覆”——全国政协原副主席苏荣案件启示录（一）》，《中国检察官》2016年第5期，第78—80页；武兴华：《“无底欲”挖下“无底洞”——全国政协原副主席苏荣案件启示录（二）》，《中国检察官》2016年第6期，第65—67页。

力，苏哈托1998年5月21日宣布辞去总统职务。[①] 一个曾为印度尼西亚带来长期的政治稳定和经济发展并被国民誉为印度尼西亚的“建设之父”的苏哈托为何顷刻间下台。《亚特兰大》杂志1998年5月24日发表的一篇题为《印度尼西亚政府是怎样失去它的“合法地位”》的文章揭开了苏哈托政权垮台的“奥秘”：“苏哈托统治下的印度尼西亚是世界上最腐败的国家之一。这个由裙带关系组成的资本主义政府让苏哈托和他的家族搜刮了估计达300亿美元的财富。而这些财产都是从一个成千上万人口深陷贫困的国家中盗窃而来的。”[②] 很显然，家族式腐败是导致苏哈托政权垮台的重要根源。

无独有偶，自1966年起，费迪南德·马科斯统治菲律宾长达20年之久。在马科斯当政时期，菲律宾实际上成了他的家天下。他为了培植自己的势力，随意安插家人亲属，控制军政大权。首先，提拔其家庭成员委以要职。马科斯的夫人伊梅尔达先后当上了马尼拉市长、临时国民议会议员、内阁部长；接着，临时国民议会通过决议准备让她作总统合法的接班人，但慑于国内外压力未敢实行。马科斯20岁的儿子当上了省长，后又成为总统的特别助理。他的长女是全国青年组织的主席。其次，重用和依靠亲属。他的堂表兄斗贝尔和拉莫斯分别任总

① 李忠东《腐败的苏哈托家族》，《检察风云》2015年第24期，第58—59页。

② 转引自〔新西兰〕杰瑞米·波普：《制约腐败：建构国家廉政体系》，清华大学公共管理学院廉政研究室译，中国方正出版社2002年版，第279页。

参谋长和副总参谋长，培植了一个效忠于马科斯本人的家族统治集团。不仅如此，马科斯及其家族成员还通过各种形式和手段侵吞了国家巨额财富，特别是和大财阀相勾结，中饱私囊。[①] 长期的家族统治和泛滥成灾的家族腐败逐步激化了马科斯同人民群众、民主势力、宗教势力、各种反对派势力，甚至同很大一部分中产阶级之间的矛盾。1986 年 2 月，统治菲律宾 20 年之久的马科斯政权被推翻。这成了 1986 年世界重大事件之一，在第三世界甚至对超级大国都产生了巨大震撼。

美国历史学家乔治·泰勒（George E. Taylor）写道："政治是通向权力的主要途径，而权力又是敛财聚富的主要途径……借助政治影响去捞钱比其他任何方法都省时。"[②] 因此，也诚如美国著名政治学家塞缪尔·亨廷顿所揭示的："利用政治权势谋取经济利益意味着政治的价值观和制度必须屈从于经济的价值观和制度。于是，政治的首要目的不是为了实现公共目标而是为了攫取个人利益。"[③] 资本俘获权力，权力撬动资本。家族式腐败者既要提高权力的附加值，又要借助权力聚敛起来的财富通向权力顶峰，一旦走上权力高位，经济腐败就可能瞬间转化为政治腐败，进而通过改变政权性质以实现把家族权力正

① 参见张锡镇：《论菲律宾马科斯政权的垮台》，《政治研究》1987 年第 4 期，第 16—21 页。

② George E. Taylor, The Philippines and the United States: Problems of Partnership (New York, Praeger, 1964), p. 157.

③ 〔美〕塞缪尔·P·亨廷顿：《变化社会中的政治秩序》，王冠华等译，上海人民出版社 2008 年版，第 51 页。

当化、家族财富私有化、家族利益合法化的“美好愿景”，其对政权合法地位的腐蚀性与杀伤力决不可低估。

二、从经济层面考察家族式腐败的危害

国际货币基金组织（IMF）的一项估计显示，公共部门的腐败每年通过贿赂等形式，给全球经济造成1.5万亿~2万亿美元（约占全球GDP的2%）的损失。[①] 而欧盟近年来出台的首份反腐报告也指出，腐败令欧盟成员国每年损失1200亿欧元。由于家族式腐败，官员及其家族在贪腐规模和金额上，不是“一只蛀虫”，而是“胃口”更大的“一窝蛀虫”。他们既疯狂掠夺社会财富，造成了国家经济利益重大损失，又加剧了官商一体、官商勾结现象，严重破坏了市场经济秩序和经济发展环境。

（一）掠夺社会财富，造成国家经济利益重大损失

由于家族式腐败是官员在自己权力系统下进行的，故而这种腐败的成本特别低廉，它既无须经济上的投资，也无须技术上的准备，它只需要倚仗家族官员手中的权势，因而经常是“巧取豪夺”“空手套白狼”“一本万利”。由此，家族式腐败往往侵吞国家和社会财富数额特别巨大，并且造成国有资产的大量流失，对国家经济的危害甚巨。

据世界银行估算，贪污行为每年至少吞掉菲律宾五分之一的国家预算。腐败还削弱了经济、社会发展的活

---

① 参见刘珞焱：《腐败导致全球经济每年损失数万亿美元　且造成更严重间接损失》，路透中文网，http：//cn.reuters.com，2016年5月12日。

力，扭曲了现代化进程和市场竞争制度，导致经济发展缓慢，政府债台高筑，每年不得不采取举新债还旧债的政策，并不断压缩政府用于基础设施建设、福利和减贫的资金，导致贫富悬殊越拉越大。其9000万贫困人口中有三分之一的人每天的生活费用不到一美元，而富有阶层（势力巨大的政治家族）只占全国人口的10%，却控制了80%以上的社会财富，其中最富有的前20人掌握的财富相当于5000多万普通菲律宾人年收入的总和。① 可以说，政治家族及其泛滥的腐败吞噬了菲律宾的大量财富。

从近年来我国披露的众多家族式腐败案例来看，腐败官员与其家人亲属贪墨的金额巨大，大量的社会财富被他们非法侵占和疯狂掠夺，给国家造成的损失之大，实为惊人。例如，经法院审理认定，深圳市原副市长王某的女儿、女婿经营的房地产开发项目“温莎广场”，按规定应交地价款1.5亿多元。1997年底，王某滥用职权，指使深圳市规划国土局副局长庞某鸿为“温莎广场”项目办理地价减免手续，王还安排其秘书张某争约庞商议“温莎广场”地价减免事宜。根据王某的授意，庞批示本局地政处，将不属于旧城改造范围的“温莎广场”项目按协议地价办理减免手续，仅核定地价为2760.77万元，少交1.2亿多元。王某利用职权和职务影响非法低价出让

① 颜武：《菲律宾：家族政治与腐败成灾》，《检察风云》2013年第15期，第52—54页。

国有用地的行为，帮助其女儿、女婿侵吞 1.2 亿国有资产。2015 年 5 月 22 日，天津市第一中级人民法院依法对周永康案进行开庭审理。法庭通过传唤证人国务院国资委原主任蒋洁敏出庭作证，宣读、出示四川省委原副书记李春城等人证言、司法检验报告等，证实周永康滥用职权，要求蒋洁敏、李春城为其子周某、弟弟周某青等人开展经营活动提供帮助，使上述人员非法获利 21.36 亿余元，造成经济损失 14.86 亿余元，致使公共财产、国家和人民利益遭受重大损失。

韩国家族式腐败下的社会财富掠夺同样十分惊人。如前总统朴正熙死后，人们在他的个人保险箱里发现了 50 万美元现金。他的家族亲属亦获利颇多：据报道，其外甥女婿金钟泌占有的资产和企业按 1979 年价格水平高达 5000 万美元；这笔巨额财富包括一个 5000 英亩的牧场、一个柑橘果园、一个位于忠清道的可蓄养 2100 头奶牛的农场、一家首尔的报社以及价值超过 3600 万美元的不动产。此外，还有报道指出，他在 34 个银行账户里存有 700 万美元财产、1.1 千克金剑、相当多数量的古董和珠宝收藏以及从各公司获取的 250 万美元的“合作费”。金钟泌敛财的手法之一是将政治献金转到其个人账户。从 1961 年到 1980 年，他持续从企业和个人手中收受“捐款”，作为回报，他在发放出口许可证、提供优惠贷款和其他政策上给予相关企业和个人以好处。1968 年，他投资了一个位于济州岛的橘子园；同年，他更是以非常低的价格从政府手中购买了一大块位于忠清南道西山县（So-san）的土地，并通过“D”建筑公司获得无息贷款，投资养了一批家畜。[①] 1974 年，为了应对社会各界对其通过各种手段获取特殊利益的抗议之声，金钟泌创立了一个假基金会，并把自己的资产“捐”给基金会，但事实上，他依旧保持着对农场的控制权。

（二）加剧官商一体现象，破坏市场经济秩序和影响经济发展

腐败官员与其亲属带头巧取豪夺，不仅加剧了官商一体、官商勾连现象，而且还严重影响了市场经济秩序和经济发展环境。当家族亲属倚仗官员的权势四处插手工程建设、土地出让、招标投标、项目审批等事项时，凡是能搭上关系的商人无往而不利。这种情况下，产品质量好、企业实力强，不如搞定官员的家人亲属，于是由官员家人亲属勾连政商界编织而成的“政商联盟”如雨后春笋般拔地而起。当此种情形愈演愈烈时，哪里还有公平竞争和良好的经济发展环境可言。

在“商人”赵某与其父亲江苏省委原常委赵某麟共同构筑的“政商联盟”中，有一份长串名单，其阵容之豪华着实令人震惊。在江苏，他有高官父亲及南京市委原书记杨卫泽的庇护；在济南经商期间，他同济南市委原书记王敏打得火热；到了天津，他又与天津市公安局

---

① 参见〔美〕康灿雄：《裙带资本主义：韩国和菲律宾的腐败与发展》，李巍等译，上海人民出版社 2017 年版，第 100—101 页。

原局长武长顺及其亲属合作经商。赵某之所以能在南京、济南、天津等地呼风唤雨，依凭的是一个以父荫开道的政商关系网。仰仗此权力关系网，赵某在经商过程中不仅屡屡破坏市场经济秩序，而且动辄以“把某人法办，叫公安局来抓谁”等方式打压、逼退竞争对手。在天津房地产开发中，赵某更是凭借武长顺的庇护，游走于法律和政策的边缘，工商部门的有关规定，在赵某那里如同虚设。可以说，赵某在打造商业帝国的征途中，依靠父荫下的原始积累，编织“权为商开路、商为权巩固”的腐败利益链，官商一体、官商勾结被他演绎得淋漓尽致，以极为不正当的手段大肆牟取私利，造成了市场经济中大量的不公平竞争，扰乱了市场经济秩序，破坏了经济发展环境。

在韩国的家族亲缘腐败中，政治领袖及其亲属与家族财阀企业之间存在着千丝万缕的联系，早在朴正熙和全斗焕统治时期，青瓦台和大企业公司就开始紧密勾结，以至于韩国家族财阀企业组织的联合会被称为“经济青瓦台”。家族财阀企业借助亲缘关系向政治领袖的亲属及其所青睐的“基金会”和慈善机构捐款，而政治领袖们则在经济活动中给予这些家族企业以优惠和照顾。有数据显示，20 世纪 80 年代和 90 年代初期，韩国家族企业的政治捐款达到净利润的 22%。作为对其资助的回报，财团得到了资本、享受优惠的国际汇兑，很少或者完全不受控制，并且通过政府的压制确保劳工不生事端。尽管历届韩国政府为了打击这种政商勾结的家族裙带腐败，也采取了许多严厉的措施。如 2001 年，韩国国会通过了《反腐败法》，2002 年 1 月，成立了“腐败防治委员会”，这是韩国专门的反腐败机构。2008 年 2 月 29 日，“腐败防治委员会”更名为“反腐败和公民权利委员会”，整合了之前的国家清廉委员会、韩国监察特使和行政上诉委员会，目的在于更有效地防治腐败。但是政商勾结的家族裙带腐败之风仍屡禁不止，并成为韩国政治社会难以祛除的一颗毒瘤。例如，李明博执政时期，其亲属亲信腐败事件被媒体揭露，相关涉案人员包括李明博的兄长李相得在内的三名亲属和多名亲信高级官员。据检方指控，李明博的兄长李相得于 2007 年至 2010 年收取所罗门储蓄银行前行长林锡大约 6 亿韩元（约合 52.5 万美元）的贿赂，而作为交换，他则利用政治权力帮助这家陷入困境的银行规避停业调查和处罚。另外，李相得还涉嫌收取未来储蓄银行行长金滲经的钱。政治权力干预经济活动，经济财阀俘获政治权力，以至于“政经黏着”，使政府指导下的经济活动与财阀企业的经济利益密切交融。显然，韩国的总统亲缘腐败不仅加剧了“官商黏着”，而且导致市场经济秩序遭受破坏，恶化经济发展环境。

而在费迪南德·马科斯（Ferdinand Marcos）治下的菲律宾政府，贪腐行为发展到令人发指的地步。不管其涉腐总数是 50 亿美元还是 200 亿美元，都可以说马科斯时期的菲律宾政府已经将贪污腐败演绎到了极致。马科斯及其家族亲信在20年中愈加畸形的统治把国家拖入绝境，经济上和政治上都陷入了混乱。据世界银行的统计显示，在这一时期，菲律宾经济萎缩，以美元计算（1987年价格），实际人均国民生产总值从1980年的678美元降到1990年的631美元。

三、从社会层面考察家族式腐败的危害

家族式腐败对整体社会生态的负面影响和危害同样不容小觑。它不仅啃食和掠夺社会公平正义，侵蚀人民群众的获得感，而且极易败坏社会道德风气，严重拉低社会公德的底线；同时，它也致使亲情泯灭，造成了废职毁家的亲情悲剧。

（一）破坏社会公平正义，啃食人民群众的获得感

对于当今中国来说，公平正义是镌刻在人民群众内心深处的价值坐标，是人民群众获得幸福感的重要保障。一个公平正义的社会，必定是机会均等、公平竞争的充满活力的社会。然而，权力与亲情的不当胶合，往往致使社会的公平正义异化。由于家族式腐败的存在，很多官员的亲属无论是获取财富还是为官从政都显得比平常人更加容易、更加顺利，常人需要依靠长期的努力和奋斗才能实现的人生目标，而他们都能不费吹灰之力在商场上“挣得盆满钵满”，在职场官场中一路“平步青云”。

这些年来，有关部门和单位中存在的“近亲繁殖”问题屡见不鲜，且已成为常态。譬如，2015年以来中央

巡视组对31家单位进行了专项巡视，发现用人中的“近亲繁殖”现象在很多国企中都普遍存在。其中中国工商银行“近亲繁殖”现象十分突出，总行管理的691名干部中，220名干部的配偶、子女共240人在系统内工作。[①]消息一出，旋即引发的社会热议不断。从近几年中央和地方巡视情况来看，确有不少国企、事业单位存在“近亲繁殖”问题，而且手段不断翻新，越来越隐蔽，如广为人知的“萝卜招聘”、私人定制等。

江西省政协原副主席许某民曾长期主政的景德镇市，亦是其女婿徐某（共青团鹰潭团市委原书记）的仕途起飞之地。从徐某的公开简历看，在从政八年时间内，完成了从副科级乡镇干部到正处级团市委书记、省政协委员的华丽转身，在两省五地八个岗位间调动，直至事发被免职。许某民升任江西省政协副主席不久，他的女儿被公示提拔为景德镇市政协科教文卫体委副主任。而其同样在景德镇担任副处级职务的妻子亦为景德镇市政协委员。

上述种种家族式裙带腐败行为，其实都是对机会均等、公平竞争的社会规则和社会秩序的破坏。正如习近平总书记指出的：“如果升学、考公务员、办企业、上项目、晋级、买房子、找工作、演出、出国等各种机会都要靠关系、搞门道，有背景的就能得到更多照顾，

---

① 《中共中国工商银行党委关于巡视整改情况的通报》，中央纪委国家监委网站，http：www. ccdi. gov. cn/，2016年4月26日。

没有背景的再有本事也没有机会，就会严重影响社会公平正义。”① 对此，有纪检监察领域的观察者尖锐地指出：“长期‘近亲繁殖’，设定不公平的起跑线，挤占宝贵的优质就业资源，让众多没有背景的求职者在不知不觉中失去机会，而那些有‘爹’可拼的人，即使平庸无能甚至无德无才，也可‘近水楼台先得月’。这背离了我们党的宗旨和人民群众对公平正义的渴求，是对群众获得感、幸福感和安全感的啃食和掠夺，可谓有百害而无一利。对单位自身来说，搞‘近亲繁殖’也容易导致风气败坏、腐败滋生，还将因无法广纳贤才而逐渐消解竞争力，影响事业的发展。对全社会而言，将堵塞人才自由流动的渠道，扼杀社会活力和创造力，破坏社会公正。”②

（二）败坏社会道德风气，严重拉低社会公德的底线

官员的家风对社风和民风起着风向标的作用。如果官员利用手中的职权为亲属谋取非法利益，或者官员亲属倚仗权势任意损害公共利益或他人利益，肆意践踏社会道德规范，必然导致整个社会的行为失范，消解社会凝聚力。

邵道生对中国转型期的家族式腐败颇有研究。在他看来，家族式腐败毒化了社会的氛围，败坏了社会道德风气。他指出，一些地方曾经发生“抢夫人”现象，即

---

① 中共中央文献研究室：《十八大以来重要文献选编》（上），中央文献出版社 2014 年版，第 137—138 页。

② 卿洪春、彭苗：《不能让“近亲繁殖”侵蚀群众获得感》，《中国纪检监察》2016 年第 10 期，第 42—43 页。

一个领导要到某地履新，该地的大小部门就想方设法、争先恐后地安排领导夫人，甚至虚位以待，不惜委以重任。除了“抢夫人”之外，“抢衙内”“抢公主”，甚至凡是和新领导沾亲带故的亲戚都要“抢”。为什么要“抢”？他分析认为，这是“项庄舞剑，意在沛公”，因为“曲径通幽”，通过走“夫人路线”“亲戚路线”，可以接触权力的终端，为日后谋取私利做铺垫。[①] 这种现象对社会道德风气的危害甚巨。它吸引社会上一些人由拜金主义向“拜权主义”转化，刺激一些人由憎恨厌恶“衙内”“官二代”向羡慕和效仿“一人得道，鸡犬升天”转变，它促使一些人不顾一切地丢弃伦理道德竞相趋炎附势般的“打干亲”“攀亲戚”，正常的人情伦理被严重扭曲变形。

2002 年 9 月，韩国市民组织“反腐败国民联带”以首尔等 12 个城市 3017 名中学生为对象进行社会腐败程度的调查，结果令人震惊。被调查的韩国青少年中，92%的人认为韩国是“腐败的国家”。至于腐败主因，有 53%的被调查者认为是政界的不正之风，19%认为是地缘和学缘。甚至 28%的学生认为，“如果贿赂能够解决问题，就要爽快地送礼”。调查组织者痛心地评论道，“我们的社会泛滥着有钱能使鬼推磨的极端拜金主义”；不无担忧地说，长期以来，“韩国社会中作为人们精神依托的道德、

① 参见邵道生：《中国：阻击腐败》，社会科学文献出版社 2009 年版，第 337 页。

信义、礼节、友情、尊敬、孝道、忠诚”，现在都“开始土崩瓦解”。

（三）泯灭亲情，淹没家庭乃至整个家族的幸福港湾

家庭是幸福的港湾，而家庭幸福的基本前提除了必要的物质条件外，还需要安宁，需要心理的平衡，需要有安全感，而这些均有赖于良好的家风，有赖于遵纪守法。一旦突破了党纪国法的底线，就必然会埋下“定时炸弹”。未爆之时，终日担惊受怕、夜夜噩梦，没有半点安宁与安全可言。一旦爆炸，凡有牵连者一个也脱不了干系，都得付出惨痛代价。“伴随着腐败行为被查处，家庭必然遭到严重破坏，热闹变冷清，温暖变凄凉，夫妻离散，父母无人照看，子女无法抚养，兄弟姐妹不能相见，亲戚朋友变成陌路，等等。”[①] 可见，由“全家福”到“全家腐”的家族式腐败，走的就是一条腐败“家族化”的不归之路，既祸国殃民，又毁坏亲情，最终不仅是毁了自己、害了亲属，甚至祸害家庭乃至葬送整个家族的幸福生活。

金大中总统可以说在诸位韩国总统中“命运最佳”，但他也仍然摆脱不了“身边人”腐败的魔咒。虽然金大中自身廉洁奉公，但也因其12名亲属涉嫌腐败，其中他的3个儿子因腐入狱，导致金大中5次向国民道歉。2002年5月18日对于金大中家族来说，是一个记录耻辱的日

---

① 本书编写组：《家庭腐败警示录》，中国方正出版社2017年版，第12页。

子。就在这一天，金大中的小儿子、时年 39 岁的金弘杰因涉嫌收受巨额贿赂而遭到韩国汉城（现首尔，下同）地方检察院逮捕。定居美国洛杉矶的金弘杰在收到检察院传票后于 5 月 14 日返回韩国。他在 16 日接受传讯时表示，“对不起国家，对不起父母”，自己的过失给整个家庭带来了耻辱。金弘杰 16 日受到传唤时，金大中总统夫妇正在汉城青瓦台官邸。据说，金大中当时的表情十分黯淡，而在另一个房间的他的夫人李姬镐则掉下了眼泪。而除幼子金弘杰外，金大中次子也卷入了一系列丑闻，使“第一家庭”本已尴尬的境地雪上加霜。“身边人”接连贪腐，不仅给金大中的政治生涯蒙上阴影，也葬送了“第一家庭”原本的幸福生活。这也警示：不仅自身要廉洁从政，也要管好自己的家庭成员，不能利用自己的权力为他们谋私利。否则，家庭将不再是幸福生活的港湾，而是葬送幸福生活的旋涡。

四、家族式腐败极易演化为政治上腐化与经济上腐败问题相互交织的利益集团

马克思主义理论认为人是社会中的人，人作为关系性的存在，其本质是生产关系的总和，通过生产关系派生了各种社会关系。① 在现实的社会生活中，每个人总会存有这样或那样的“关系”，会在工作和生活中形成自己

① 参见马克思、恩格斯：《马克思恩格斯选集》（第一卷），人民出版社 1995 年版，第 60 页。

的"关系网"。比如，基于特定因素而结成的亲属关系、老乡关系、同学关系、同事关系、情人关系等各类"关系网"。平心而论，"关系网"人皆有之，并且已然成为维系现代人与人之间交往的纽带和桥梁。然而需要指出的是，对于身居公职岗位、掌握公权和资源的官员而言，倘若摆不正人际关系，在亲情与党性、友情与政策、恩情与原则之间丧失原则，失去公心、底线，"关系网"也就蜕化为"腐败关系网"。

法国著名人类学家布鲁诺·拉图尔（Bruno Latour）认为，人类社会（包括权力）是由关系网络黏合起来的。[①] 台湾学者黄光国依据西方社会交易理论，把中国背景下的人际关系分为三种基本类型，即情感性关系、工具性关系、混合性关系。其中，情感性关系主要用以满足关心、温情、安全感、归属感等情感方面的需要，像家庭、密友等原级团体中的人际关系都属于情感性关系之列，人们遵循的伦理约束符合"各尽所能，各取所需"的需求法则；工具性关系是个人为了获得所需要的某些物质利益而与他人建立的社会关系，人们遵循的是"一视同仁，童叟无欺"的社会交易法则；混合型人际关系的特点是交往双方彼此认识而且有一定程度的情感关系，但是其情感关系又未深厚到可以随意表现出真诚的行为。[②]

---

① 参见李钧鹏：《何谓权力——从统治到互动》，《华中科技大学学报》（社会科学版）2011 年第 3 期，第 61—66 页。

② 参见韩雪峰、蓝剑平：《领导关系网的异化及其防治》，《中共福建省委党校学报》2004 年第 3 期，第 28—30 页。

从现实来看，“腐败关系网”通常不是自然连结而成的，通常是掌握公权力的官员被“围猎”或主动用亲情、交情、友情、恩情、爱情等感情因素，为攫取利益精心编织而成的。有专家学者曾撰文分析指出：关系网中“结‘网’之人心态各异，但目的无二，就是为了从‘网上’获得好处。有的是为攀上高官好办事，有的是为套住财神好弄钱，有的是为危难时刻有人说话，有的是为平时办事有人照应”[①]。就家族式腐败中的关系网而言，他们已不满足于简单的贪污受贿、裙带提拔和家族成员间私下暗地的关联交易和利益输送，而是直接将家族成员拉入自己的贪腐利益集团，共同在政、商等各界编织关系网，将“权力的家族网”与“上下的权力关系网”胶合在一起，用权力的“保护伞”来保护“权力的家族网”，从而联手打造以亲属为核心的腐败阵营联盟。

2012 年 7 月 24 日，韩国时任总统李明博在全国性的电视讲话中就其亲属以及亲信的腐败行为公开表示道歉。按韩国联合通讯社的说法，这是李明博 5 年总统任期内第六次公开道歉。有报道显示，李明博“身边人”腐败事件相关涉案人员包括三名亲属、四名总统高级助理和几位前内阁以及国营企业的高级官员，其中一位亲属便是李明博的哥哥李相得。据媒体披露，李相得 76 岁，多次当选议员，曾任国会副议长。检方认定，李相得于 2007

① 李卫星：《“关系网”与“腐败网”》，《人民日报》2000 年 9 月 7 日。

年12月总统大选前收受所罗门储蓄银行董事长3亿韩元，被认为是用于了总统选举，属于非法的政治献金。[①]

透过上述案例可见，在韩国，政府与企业尤其是大型财阀之间的关系错综复杂，政治权力与财富相互交织，形成了一个政治家—政治家的亲属—企业的政治腐败网络。在这张政商勾连的大网络中，每个人根据个人能力，调动自己的资源，积极为其他成员服务，为自己谋利。一方面，政治家们需要扶持支助自己的大企业更大更强；另一方面，企业也希望利用政治权力来获取更多的政策优惠。政治家和商界精英这两股势力，均通过政治家的亲属紧紧衔接在一起，成为一个家族式的官商联盟。而这种共生共谋式政商关系，又成了韩国政治生活中难于切割的腐败毒瘤。事实上，作为与李明博关系亲密的亲属、李明博亲信中最具影响力的政治人物之一，李相得就是非法接受了所罗门储蓄银行的政治资金用于大选，而作为利益交换，他则利用政治权力帮助银行免遭停业。

由此，以血缘亲情为纽带，政治权力为核心，以利益交换为目的，打造了一个家族式政商联盟的裙带关系网络，为政治权力与经济利益互相交融的贪腐行为提供了便利。

家族式腐败极易演化为政治上腐化与经济上腐败相

① 参见李文、陈雅慧：《前车之“覆”，后车难“鉴”——从李明博公开道歉看韩国的政治腐败现状及成因》，《中国纪检监察报》2012年8月8日。

互交织的政治经济利益共同体。这种以亲缘关系为纽带、以利益输送为核心、以人身依附为特征的腐败关系网，必然异化人际交往、破坏党纪国法、败坏社会风气，严重危害政治生态。

第二章
家族式腐败的历史与现状透析

认识现实总是离不开历史。要深刻认识家族式腐败这一社会现象，理应透过历史的这面镜子来追溯家族式腐败的本源。认识和研究腐败问题的最有效途径就是采取理论分析与实证研究相结合、量化统计与质性分析相结合的研究方法，既通过案件统计透析腐败的现状和趋势，又通过主观评估感知腐败的程度，然后通过理性审视得出相对可靠的结论。按照这一研究思路，本章将以历史与现实、定量与定性相结合的研究方法，对家族式腐败的历史与现状进行透析。

第一节　历史回溯：中国历史上家族式腐败简要考察

在中国历史上，由于长达几千年的封建统治和浑厚的乡土、宗族等文化和社会传统围绕着皇权，形成了诸如宗亲家族、外戚家族、士大夫家族等多种权力家族，贪污腐化，也多呈现出家族化特征。鉴于此，本书将以这些权势家族为主要对象，就历史上的家族式腐败现象进行梗概性梳理与回溯。

一、东汉及唐代的外戚家族腐败

东汉时期，政治生活中的一个突出特征是外戚家族的不断涌现。外戚，是个特有的名词，一般是指和皇帝联姻以后建立起来的关系和政治势力。纵观古代史可知，外戚对东汉政治的影响很大，从一定意义上说，东汉就是亡在外戚手里。伴随着权势地位的提升，外戚及其家族倚仗权势任人唯亲、贪污腐化、胡作非为等情形屡见不鲜。东汉后期的外戚梁冀及其家族堪为这方面的代表。据史书记载，汉安帝延光四年（125 年），东汉第七个皇帝汉顺帝即位，外戚梁氏家族开始掌权，梁皇后的兄弟梁冀做了大将军。此后，梁冀专擅朝政，结党营私，任人唯亲，大肆将官爵给予亲族。梁冀的兄弟和儿子等梁氏一门前后七人封侯，三位皇后，六位贵人，两位大将军，夫人、女食邑称君者有七人，尚公主的三人，其余任卿、将、尹、校的共五十七人。除了任人唯亲、肆意封授家族亲属之外，梁冀夫妇还大肆搜刮钱财，摆阔显富，大兴土木，修建亭台楼阁，比皇宫有过之而无不及。[①] 延熹

① 参见张国：《中国古代俭奢故事（下）》，中国法制出版社 2015 年版，第 26 页。

二年（159 年），早就对梁冀专权乱政、贪腐害国不满的汉桓帝先发制人，派兵包围了梁冀的住宅。梁冀虽然负隅顽抗，但终因势弱力孤，与妻子孙寿一同自杀。据载，他被抄家时，除府第、田园等不动产外，仅金银珠宝、缣帛丝缟以及当铺、酒馆所藏财宝等项，桓帝“收冀财货，县（悬）宫斥卖，合三十余万万，以充王府用，减天下税收之半”。由此可见，梁冀夫妇及其家族贪污腐化堕落之甚巨。

唐朝同样遭受过外戚家族腐败的侵扰。唐玄宗时期的外戚杨国忠兄妹及其家族子弟骄奢淫逸、腐化堕落可称作这方面的典型。史书记载，杨国忠的原名为杨钊，其祖父与杨贵妃祖父是兄弟。因此，杨国忠与杨贵妃乃从祖的堂兄妹。在杨贵妃得宠于唐玄宗之后，杨国忠在宫内小心翼翼地侍奉玄宗和贵妃，在朝廷千方百计地巴结权贵朝臣，最终深得玄宗信任，迅速飞黄腾达，成为身兼四十余职的朝廷重臣。随着政治地位的上升，杨国忠开始疯狂聚敛钱财，在生活上也变得极为奢侈腐化。他利用职权之便，中饱私囊，“中外饷遗辐辏，积缣至三千万匹”。其人生信条是趁着富贵及时行乐，因此个人生活骄奢淫逸，非常糜烂。他用沉香木盖楼阁，用檀香木做栏杆，用麝香、乳香和泥粉墙，用黄金翡翠装饰车马，用珍珠美玉点缀车驾。与杨国忠相比，杨氏姊妹们的奢靡生活和熏天势焰也丝毫不差。《长生殿》第五出《褉游》通过旁观者的笔触做了描绘：某年三月三日，唐明皇与贵妃娘娘游幸曲江，命高力士召杨丞相并秦、韩、虢三国夫人一同随驾，一时间消息传出，“传声报戚里，今日幸长杨”，长安城各色人等争先恐后地出来，都想一睹杨氏家族出门的盛况。当众人簇拥着三国夫人的车队远远过来时，只见“纷纭，绣幕雕轩，珠绕翠围，争妍夺俊。氤氲，兰麝逐风来，衣彩佩光遥认”，一派珠光宝气。当韩国夫人、虢国夫人、秦国夫人出现在人们近前时，场面更是煊赫：“安顿，罗绮如云，斗妖娆，各逞黛娥蝉鬓。蒙天宠，特敕共探江春。”[①] 杨氏子弟在他们的引导下，都极力追求享乐，表现出一副“土豪”的神态。初春时节，他们到处收集名花异卉，放置在一个特制的木槛中，称为“移春槛”，在大车上搭建彩楼，让伶人在彩楼上吹箫奏乐作为引导，让仆人拉着移春槛与他们一起游春。盛夏时节，他们令工匠将冬天所藏的冰凿成冰山，放在宴席上降温，或者将冰雕成龙凤图形，饰以金环彩带，送给王公大臣。而朝臣们为了巴结他们，也争先恐后地给他们送礼，腐败之风与日俱增。[②]

二、东晋的门阀士族与家族腐败

东晋（317—420 年）是门阀士族与皇权共治的历史时期。在东晋一朝，门阀士族存在并发挥着相当大的政

① 参见杨波：《千秋一曲舞霓裳：洪昇与〈长生殿〉》，海燕出版社 2015 年版，第 102 页。

② 参见王双怀：《大唐贵妃》，陕西师范大学出版社 2015 年版，第 165 页。

治作用，晋元帝司马睿在建康的东晋政权就是在南北门阀士族支持下建立起来的，因而素有“王与马、庾与马、桓与马、谢与马共天下”的说法。这些门阀士族在东晋一朝享有优越的政治经济特权，他们既掌握了军政大权，又占据了政治上的特权地位，并在经济上扩充田庄，兼并土地，占有佃客，渐成割据之势，成了整个东晋腐败的根源。

首先是门阀士族任人唯亲、近亲繁殖现象突出。门阀士族，为了在社会上和政治上都保持和发展他们的特权地位，把官职区别为“清流”与“浊流”之分，重要官职，都由门阀士族垄断，至于那些低级官职以及事务性的官职，才由寒门担任。门阀士族只需凭借门第，就可以“平流进取，坐致公卿”①。当时的中央和地方的文武要职基本上都由士族担任，特别是集中在北方士族王、庾、桓、谢和江南士族周、陆、顾七大家族手中。这些世家大族的子弟，绝大多数是纨绔子弟，不知书数，仅靠门第家世做高官、享厚禄，在官府挂个空名，对实际工作全然不问。如王羲之之子王徽之，被任命为桓冲的参军（参谋）。“桓冲曾问他：‘卿署何曹？’对曰：‘似是马曹’。又问：‘管几马？’曰：‘不知马，何由知数？’又问：‘马比死多少’？曰：‘未知生，焉知死’？”② 由于门阀士族政治特权地位不断发展，形成了“上品无寒门，

---

① 《南齐书·褚渊传论》。

② 《晋书·王羲之传》。

下品无世族”[①] 的局面。“举贤不出世族，用法不及权贵”，成为东晋选拔官员的根本方针。其次是门阀士族强占、贪墨横行。东晋的门阀士族大量霸占土地，封山占水，纷纷建立大规模的庄园，使许多农民沦为佃客和奴婢。晋元帝时的丞相王导对地主豪强们为非作歹、压迫欺凌农民，一概不闻不问，让豪强士族势力为所欲为。王述（太原王湛之子）为宛陵（宣城）令，上任不久，就大量贪污受贿，“为有司所检”，一千三百多条。王导竟派人谓之曰：“名父之子，不患无禄，屈临小县，甚不宜耳！”述答：“足当自止。”王导的这般作风，此后成为东晋的政治传统。

王谢二族是东晋的特等世族，他们带头广占田园。仅在建康附近，王导就有受赐田八十多顷。谢安家（东晋后期门阀士族）到其孙谢混时还有“田业十余处，僮仆千人”。[②] 除接受赏赐和兼并土地之外，他们还倚仗特权，把风景好的山水、有利可图的湖泊强行霸占，宣布为己有。这便是东晋时的“封山占水”。王羲之就曾写信给谢安的弟弟谢万说：“比当与安石东游山海，并行田视地利，颐养闲暇。”[③] 在游玩中发现哪里风景好、土地好，就据为己有，在那里建别墅，以“颐养闲暇”。后来谢安就隐居于东山（会稽附近），过悠闲的生活。王胡之给庾

① 《晋书·刘毅传》。

② 《宋书·谢弘微传》。

③ 《晋书·王羲之传》。

翼（东晋中期士族、将军）的信中说："此间万顷江湖，挠之不浊，澄之不清，而百姓投一纶、下一筌者，皆夺其渔器，不输十匹则不得放。"① 可见东晋豪强士族巧取、贪墨横行到何等地步！在东晋世族门阀势力的腐朽统治下，世族大官僚过着骄奢淫逸的糜烂生活。

三、明、清时期的高官及宗室家族腐败

随着封建皇权的逐步强化及科举取士制度的日趋完善，整个明、清两朝代尚未出现诸如前朝那样明显的外戚专权和门阀士族政治而导致的家族式腐败，但高官及皇族宗室家族贪腐现象却较为常见，有的甚至影响甚巨。囿于当下所掌握的史料及论文篇幅所限，此处笔者无意历数明、清两代的高官及宗室家族腐败的方方面面，而是试图通过一些影响深远的大案要案以期大致勾勒出其中的画面，这样也就达到研究和探讨的目的了。

说起明朝重要权臣严嵩的家族腐败，在历史上也是臭名昭著。严嵩擅专国政达二十年之久，累进吏部尚书、谨身殿大学士、少傅兼太子太师、少师、华盖殿大学士，为中国历史上著名的权臣之一。其子严世蕃借严嵩权势幼入国子监读书，后做官，累迁至尚宝司少卿和工部左侍郎。嘉靖二十七年（1548 年），严嵩年近七旬，年迈体衰，精神倦怠，多依靠其子严世蕃处理政事，直至将事

---

① 《太平御览》卷 834。

务都交给其子，严世蕃一时“权倾天下”。于是，大臣们干脆称呼他们为“大还相”与“小还相”。还有大臣讥称：“皇上不能没有严嵩，严嵩不能没有儿子。”当时严氏父子把持着朝中官吏的任选、升迁。官无大小，皆有定价，不看官员的口碑、能力，一切皆以官员的贿金多寡为准。严世蕃利用各种手段大肆搜刮，家财富可敌国。为了藏钱，严世蕃两口子一起动手，在家里挖地窖，大大小小十几个，每个地窖最少都藏有百余万两。最终严氏父子倒台，抄其家，得黄金三万两千余两、白银二百零二万余两，其他房屋、土地、珍宝、金银首饰、古玩、字画、玉器、服饰、家具无数，几乎超过了皇室的珍藏。①

值得一提的是，整个明朝还存在着较为严重的宗室家族腐败之流弊。众所周知，明初洪武皇帝朱元璋规定，他的后代由于身份高贵，不能从事任何社会职业，生一个孩子，国家就按等级多发放一份俸禄。所谓“宗室年生十岁，即受封支禄。如生一镇国将军，即得禄千石。生十将军，即得禄万石矣。……利禄之厚如此，于是莫不广收妾，以图则白斯男”。所以明代皇族拼命生孩子。弘治五年（1492 年）年底，山西巡抚杨澄筹向皇帝汇报，山西庆成王朱钟镒已生育子女共九十四人。不久另一位藩王刷新了这一纪录，这位藩王仅儿子就多达一百余人，

① 参见张国钧：《中国古代俭奢故事（下）》，中国法制出版社 2015 年版，第 154 页。

每次节庆家庭聚餐，同胞兄弟们见面彼此都不认识。这就是史书上所谓的“每会，紫玉盈坐，至不能相识”①。这仅仅是明代皇族人口爆炸的一个缩影。据明末徐光启的粗略推算，明宗室人数每三十年左右即增加一倍。而当代人口史学者推算的结果是，明代皇族人口增长率是全国平均人口增长率的十倍。据安介生等人口史专家推算，到明朝末年，朱元璋的子孙已经繁衍到近一百万人之多。② 由此，不仅带来了国家财政负担加重，而且催生了一大批由老百姓供养的“寄生虫”，成为明代贪腐盛行的源头。这方面最为典型的要数万历皇帝的儿子福王朱常洵。据历史记载，福王朱常洵出京“就藩”时，万历给予了慷慨无比的赏赐，并赐上等良田两万顷。尽管如此，朱常洵仍嫌不足。于是，请求万历把江都到太平沿江的杂税和四川的盐税、茶税给自己，请求每年给他一千三百引的淮盐，由他在洛阳设店销售，由此不仅使得国有资产直接变成福王的私产，而且他还获得了食用盐销售权，影响极为恶劣，引起了极大的民愤，最后落得个人亡政息的结局。③

清代的权臣家族腐败和宗族腐败也出现过典型。在宗氏家族贪腐方面，晚晴时期的庆亲王奕劻父子贪污受

① 王世贞：《弇山堂别集》，中华书局 1985 年版，第 9 页。

② 参见张宏杰：《顽疾：中国历史上的腐败与反腐败》，人民出版社 2016 年版，第 223 页。

③ 参见聂作平：《从福王之死看“明朝亡于万历”》，《同舟共进》2010 年第 10 期，第 68—69 页。

贿、卖官鬻爵极为典型。奕劻署名为“澹如斋”或“澹如斋主人”，寓意自己是“澹泊如水”“澹泊明志”的清官，实则与其子载振上下其手，是贪污受贿、卖官鬻爵的大贪官。他们的生活也极奢靡腐败，有失大臣之风，引起了朝臣的不满。光绪二十九年（1903 年），张元奇弹劾载振宴集召歌妓佐酒，光绪帝谕其“当深加警惕”。次年，御史蒋式瑆在参劾奏折中说：“臣闻庆亲王将私款一百二十万送往东交民巷英商汇丰银行收存。奕劻自任军机大臣以来，细大不捐，门庭如市。是以其父子起居、饮食、车马、衣服异常挥霍，尚能储蓄巨款”，可见其贪黩纳贿之巨。光绪三十三年（1907 年），御史赵启霖奏，原直隶后补道段芝贵，在上一年载振路过天津时，“以万二千金鬻歌妓以献，又以十万金为奕劻寿，使得实授署黑龙江巡抚”。奕劻父子到底贪污受贿了多少财物，很难精确估算。不过，清室皇族载澜对他的发家史有一段揭示：“常闻人云，奕劻为贝勒时，家道甚窘，至光绪三十三年我守护西陵任满回家，见其邸第扩充三倍，焕然一新。至次年二月十九日伊作寿时，近支晚辈王公和蒙古在京王公暨各部大臣等无不前往祝寿，我亦前去。伊设宴演剧，大肆铺张，其子载搏夸耀于人说：‘此一日用费不下万金’。按其当时的豪华举动，绝非亲王所能办到者，事虽小节，亦足以为其平日贪污受贿之一证也。”①

① 参见《清史稿·诸王·奕助传》《晚清宫廷生活见闻》《辛亥革命回忆录》。

另有嘲奕劻父子联也描绘得颇为形象："爷解弄璋儿弄瓦；兄曾偎翠弟偎红。"[①] 奕劻三父子骄奢淫逸可见一斑。清朝被推翻时，奕劻的家产仅不动产部分，就有土地千余顷；庆亲王府五个大院落，大小楼房近千间；还有两处别墅和承泽园、泄水湖、苦水井花园三处，铺面房十余处。足见贪污数额之巨大。

第二节　现实图景：当下查处的家族式腐败案例扫描

为了深入研究当代中国家族式腐败的基本境况，本书收集整理了 2000—2017 年这一历时性区间媒体报道和披露的 197 例家族式腐败案件，以此为分析和研究样本。案例选取情况说明如下：

第一，为了提高研究的客观性和准确性，本书收录的案例绝大多数通过中央纪委国家监委和各地方纪检监察机关官方网站、官方微信等搜索而来。同时为增加案例的广泛性和代表性，选取收集案例时辅之以人民网、新华网、光明网、央视网和《中国纪检监察报》《检察日报》《法制日报》等权威媒体，以及一些地方和部门党报党刊等媒体报道中所包含和披露的官员家族式腐败的相关信息。此外，也有个别案例是通过搜集反腐倡廉文献

① 陈思坤：《中国近代楹联浅赏》，岳麓书社 2000 年版，第 109 页。

资料（如落马官员忏悔录、反腐倡廉警示录）和已有研究成果（如反腐倡廉研究报告）而来。

第二，本书所选取的197例家族式腐败案例中，除涉案官员本人从事腐败活动外，另均有多名（2名及以上）家族成员不同程度地涉入腐败问题当中，他们成为家族式腐败的助推者或参与者。同时，笔者严格核实案件信息的可靠性和翔实性。在案例选取和收集过程中，只有包括了家族成员涉腐的具体情形（具体涉腐的家族成员、涉腐的具体事项），以及腐败官员接受组织审查调查信息的案例才作为本研究的分析对象。其他如落马官员的家族成员涉腐情形不详、腐败官员接受组织调查时间不明的案例，都未收录到本案例研究之中。

第三，案例中腐败官员的基本信息（如出生年份、学历/学力、任职经历、腐败时长、涉案金额等）均以官方媒体报道或司法机关披露为准。

第四，由于官方媒体公开通报和披露的家族式腐败案件信息十分有限，故本研究中有些案例的信息仍然不完整，不可避免地存在一些案件信息的遗漏，虽不能反映当前我国落马官员家族式腐败现象的全貌，但通过合理的数据分析和整体考察仍能说明一些问题，因而总体上不影响我们对家族式腐败现状、趋势的分析及研究结论的科学性。

为此，本书将对上述案件背后反映出的一些结构性变化和发展趋势进行分析，从中透析当前我国家族式腐败的衍生特点及其趋势，并概括如下：

一、家族式腐败查案数量：随涉腐案件查处数量的增长而增长

从对2000—2017年这一历时性区间的197个家族式腐败案例统计结果来看，其揭露和查办的案件数量随着时间的向前推移，总体呈现在波浪中显著增长的态势（见图2—1）。从家族式腐败查案数量的整体情况来看，党的十八大前查处的案件数量较少，且多为大案要案；而十八大后查处的案件数量增多趋势十分明显，且一些发生在“蝇贪”身上的家族式案例也得到一定程度的揭露和查办。同时可以看出，从2012年开始，查处的案件数量明显增多，其中2012—2014年历时性区间查处的案件数量为68例，约占总量的34.52%，月均发案量约为1.9例；2015—2017年历时性区间查处的案件数量为69例，约占总量的35.03%，月均发案量约为2例。换言之，十八大以来的2013年、2014年、2015年、2016年、2017年这五年间的查办案件数量占了整个案件数量的近三分之一。从中可见，查案量2012—2014年历时性区间、2015—2017年历时性区间较前一历时性区间有所增长。这一方面充分彰显出十八大以来党中央打击和惩治各类腐败问题的坚定决心和强劲力度，另一方面也反映出近些年来我国官员腐败问题中家族式腐败现象较为突出，减少家族式腐败存量、遏制家族式腐败增量任务依然十

分艰巨。

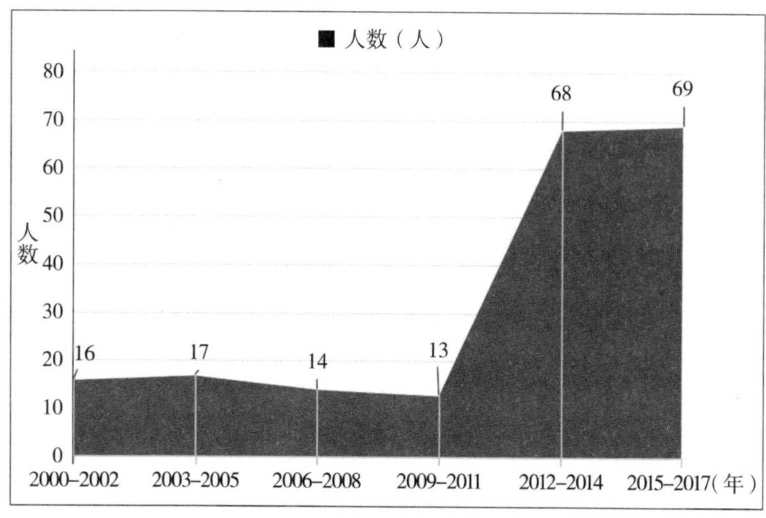

图 2—1　家族式腐败查案量趋势图（总计 197 人）

二、家族式腐败发生层域：呈现多层次、多领域特点

从家族式腐败发生层域情况看，本研究案例中的 197 名腐败官员中，属于中央单位的有 21 人（约占总人数的 10.7%），涵盖机关、企业及金融单位等领域。属于地方层面的有 176 人（约占总人数的 89.3%），涵盖机关、企业、金融单位、人民团体、事业单位及基层自治组织等领域。

就地方区域分布情况而言，统计结果显示，涉家族式腐败的落马官员已遍布全国 29 个省份（除青海、西藏外），涵盖东部地区、中部地区、西部地区和东北地区（见图 2—2）。这表明家族式腐败是腐败现象的一个显著

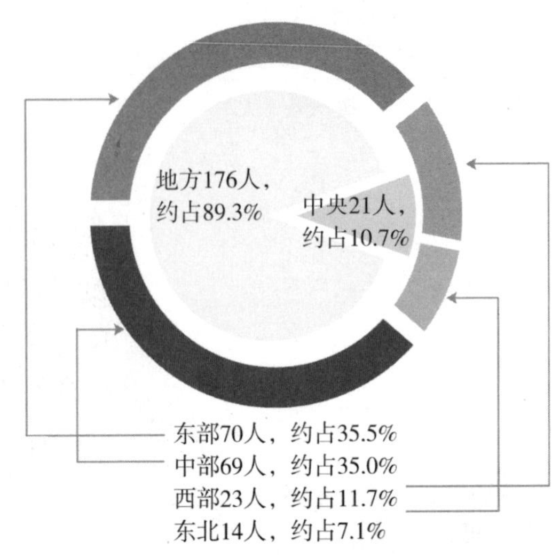

图 2—2　家族式腐败官员层域分布情况（总计 197 人）

特征，同时也体现出当前反腐败全覆盖、无禁区之高压态势。而从家族式腐败涉案层级来看，向基层延伸趋势较为明显。“腐败不仅普遍存在于精英层面，也存在于中低阶层。”① 随着全面建成小康社会重要历史节点的临近，中央大力实施乡村振兴战略，各地纷纷加大对“三农”的投入，尤其是对广大农村扶贫力度的显著加大，原本一些职位不高的乡镇干部特别是无官无职的“村官”开始掌握了大量公共资源和公共资金，“村官”家族式腐败案例也被揭露出来，呈现出易发多发高发之势头。例如，2013 年查处的广州市天河区冼村支部原书记卢穗耕伙同

① 〔俄〕哈布里耶娃:《腐败：性质、表现与应对》，李铁军译，法律出版社 2014 年版，第 1 页。

多名家族成员侵吞公共财产案；2014 年查处的安徽省淮北市烈山社区党委原书记刘大伟伙同家族成员侵占集体资金案；2015 年查处的安徽省安庆市宜秀区林业局原局长查选国伙同其妻子、弟弟侵吞公款案；2016 年查处的湖南省宁远县湾井镇东安头村原村主任谭国英伙同其子、丈夫贪占集体资金案；等等。这些均是党的十八大后被揭露的基层家族式腐败案例。

此外，随着我国反腐败斗争逐步向纵深发展，各个领域的腐败案件陆续浮出水面。如前所述，家族式腐败现象在各领域广泛存在。同时，进一步从公权力的分布领域和行业情况来看，涉家族式腐败的落马官员分布在权力机关集中领域，资源资金密集行业更是十分突出，其他如环保、旅游、体育、统战、民政、人防等行业系统均有所涉及（见图 2—3）。此统计进一步表明，只要有权力资源的领域就有家族式腐败的生存和发展空间，也从一定程度上说明权力资源集中的领域产生家族式腐败行为的概率要高于其他领域。铲除家族式腐败，既要盯住权力资源集中的领域和部门，也不可忽视所谓的“清水衙门”。

三、家族式腐败表现形式：趋向隐蔽化、智能化

由于家族成员的直接或间接参与，使得腐败行为迂回、复杂、分散，不易直接追查。家族成员对腐败的掩护，通过销毁证据、藏匿赃款赃物等方式对抗调查，因

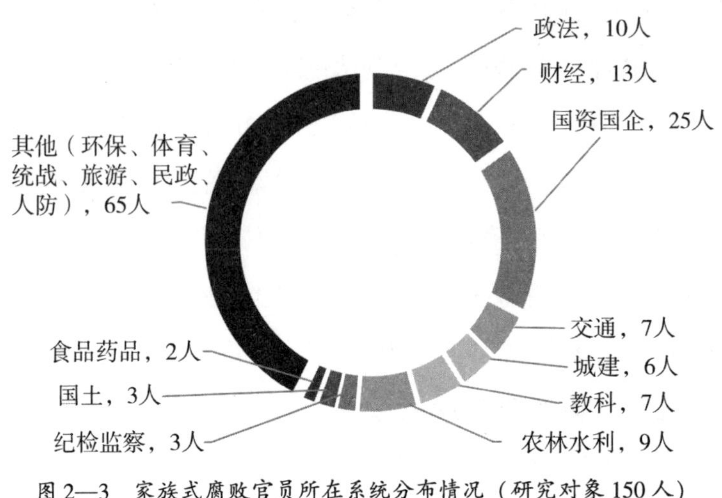

图 2—3　家族式腐败官员所在系统分布情况（研究对象 150 人）

而相比较官员个体腐败而言，家族式腐败的表现形式隐蔽性越来越强。这大体可以从家族式腐败潜伏周期、腐败作案横跨区域、腐败案件发现方式三个维度来审视。

就腐败潜伏周期而言，北京航空航天大学廉洁研究与教育中心针对 100 多个严重腐败案件的研究结论显示，1983 到 1997 年间，平均腐败潜伏期为 2 到 3 年。从 1998 年开始，平均腐败潜伏期大幅度攀升，2008 到 2012 年平均腐败潜伏期达到了 10. 1 年。在本研究案例中，对落马官员潜伏时长的统计也表明，家族式腐败的平均潜伏期自 2010 年以来呈现较为显著的逐年攀升趋势，其中近三分之二（约为 66. 4%）的家族式腐败时长超过 10 年，有的甚至长达 20 余年之久（见表 2—1）。譬如，早在 2001 年王保安还是财政部综合司司长时，就为一名商人老板的项目审批提供帮助，并通过其弟弟收受该商人的一套房产。广东省原副省长刘志庚自 1995 年担任深圳市龙岗区委书记起便用公权力为其兄长发财开道，直到 2016 年被查处，家族式贪腐生涯长达 21 年之久。至少从 20 世纪 90 年代中期起，天津市政协原副主席、市公安局原局长武长顺就已经开始利用职权为家族牟利布局：他的亲兄弟、堂兄弟、亲家、女婿等亲属或成立企业，或隐身关联公司，主要客户皆为武长顺公权力所辖的公安交管系统，从信号灯等基础设施到智能交通信息化系统采购，从停车场经营到驾驶员培训再到车辆检验，其商业帝国遍及公安交管领域的各个环节与角落，直至 2014 年被查处，其间武氏家族以权谋私持续近 20 年。这背后反映出，与一般腐败不同，这种建立在亲情、血缘关系上的家族式腐败更加紧密、更加隐蔽，也更难以被发现，同时也折射出社会上还存在着适宜家族式腐败生长的土壤。

表 2—1　家族式腐败官员腐败潜伏期统计（研究对象 165 人）

年份	腐败潜伏期				平　均时长（年）
	1—5 年	6—10 年	11—15 年	16 年及以上	
2000	3	1	0	0	4. 8
2001	0	5	1	0	7. 8
2002	2	3	3	0	7. 8
2003	2	1	0	0	6. 3
2004	0	3	5	0	10
2005	2	1	2	0	8. 2
2006	0	5	0	1	9. 8
2007	0	3	1	0	8. 8

续表

年份	腐败潜伏期				平　均 时长（年）
	1—5年	6—10年	11—15年	16年及以上	
2008	1	1	1	0	7.3
2009	1	1	3	0	10.8
2010	1	0	1	0	9
2011	0	2	1	0	9.5
2012	1	4	5	0	10.1
2013	0	8	6	1	10.5
2014	1	8	10	11	12.1
2015	1	5	18	6	13.4
2016	2	4	6	8	13.8
2017	0	1	2	0	12.3
总计	17	56	65	27	11.2

从腐败作案横跨区域来看，家族式腐败还呈现出跨地域性特征，区域性腐败和领域性腐败交织，官商勾结和上下勾连交织在家族式腐败中体现得十分明显。

就腐败案件的发现方式而言，鲜有通过内部亲属检举揭发的（见图2—4）。这一情况或许也表明了家族式腐败的隐蔽性及查处的难度。

此外，从公开披露和报道的案件来看，家族式腐败的表现形式也越趋于智能化，受贿曲线化、利益输送关联化、利益回馈期权化、利益交换网络化愈发成为腐败分子联手家族成员从事腐败活动的惯用“伎俩”。譬如，有的腐败官员不直接收受请托人的贿金，而是通过与本人关系亲密且命运息息相关的配偶、子女等亲属曲线敛

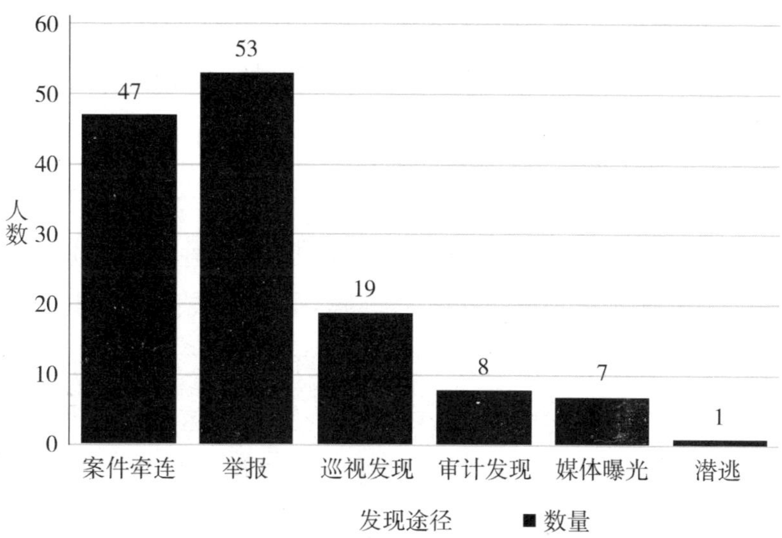

图 2—4 家族式腐败官员行为暴露方式统计（研究对象 135 人）

财；有的国企高管的亲属通过成立寄生公司专门承接关联业务谋取巨额利益；有的腐败官员凭借手中掌握的职权，先大搞感情投资即培养可靠亲信，并为亲信“加官晋爵”，再由亲信提携自己的子女从政或关照经商等；有的腐败官员则以亲缘关系为纽带、以利益输送为核心、以人身依附为取向，编制勾连政商各界的腐败关系网络，为家族发财致富、谋途取仕开辟便捷通道；等等。

四、家族式腐败作案空间：呈现日益明显的国际化趋势

经济全球化的迅速发展，使人、财、物的跨国流动日趋频繁，客观上制造了新的腐败行为增长点，“跨国

性”“国际性”成为腐败的一个重要表征。随着我国进一步融入全球化，互联互通变得日益便捷，腐败活动也日渐表现出国际化的发展趋势。有些腐败分子利用资本跨地域、跨国境流动的机会，与身居地区外、境外的家族亲属相互勾结，共同腐败犯罪；有的利用国际间法律的差异，官员本人国内圈钱，亲属国外洗钱；有的以国（境）外商人为合作对象，为对方牟利，之后通过在国（境）外进行交易让亲属从中获利；等等。这些情况使得家族式腐败的作案空间越发呈现出国际化的趋势。例如，近年来查处的不少官员家族式腐败案例存在跨地域、跨国境作案情况，党的十八大以来查处的广东省水利厅原厅长黄柏青家族式腐败案件中，黄柏青在国内给人办事、其儿子在境外开设账户替父大肆收钱洗钱，权钱交易基本都在境外完成。而早在20世纪90年代，广州市原副市长曹鉴燎就先后为妻子、儿子和自己取得了香港永久性居民身份。此后，围绕在他身边的一些老板、旁系亲属也弄到了境外身份，通过成为“裸官”“裸商”，结成以曹鉴燎为轴心的一个寄居在境外的家族贪腐圈子。

此外，一些涉家族式腐败案的官员特别是涉案人员稍有风吹草动，就出逃国外，也使得案件呈现出国际化特点。例如，浙江省原建设厅副厅长杨秀珠伙同其2个弟弟贪污受贿，并利用职权为其弟弟经营活动谋取利益。案发后，杨秀珠于2003年4月20日带着女儿、女婿和外孙女，从上海登机出逃，先后窜逃至中国香港、新加坡、法国、荷兰、意大利。其间，杨秀珠还向美国、法国、荷兰等国提出“避难”申请，直至2016年11月才回国投案自首，潜逃海外时间长达13年之久。天津移动原董事长、总经理权明富通过在外开办公司、获取分红等方式非法牟利，权明富与妻子、妻妹、妹夫、胞弟等众多亲属都参与涉案。2013年4月2日，湖南省纪委在对权明富严重违纪一案进行查办之际，权明富的妻子陈某某作为权明富案的关键涉案人员，借着陪女儿读书的名义，金蝉脱壳逃往英国，随后被列入百名“红色通缉令”人员之中，2016年1月14日回国投案自首，潜逃国外近3年。

五、家族成员涉腐败结构：“夫妻档”“父子兵”现象更为凸显

从家族式腐败结构形成来看，在家族式腐败中的大部分乃至全体成员均是家属、亲戚，并由此组成一个以血缘、姻亲关系为纽带的命运共同体，成员间彼此分工协作，高效地实施腐败行为。有研究者总结出家族式腐败中家族成员参与腐败的几种常见结构，即夫唱妇随型、父子联手型、公媳合作型、翁婿互助型、全家动员型等。

据此，根据官方公开披露的信息，笔者列出了家族式腐败案例中家族成员参与腐败的主要结构，所列信息虽不完全，但从中大致可见，其中家族成员参与腐败的最高发结构是夫妻共同腐败（达147人次），其次是子女

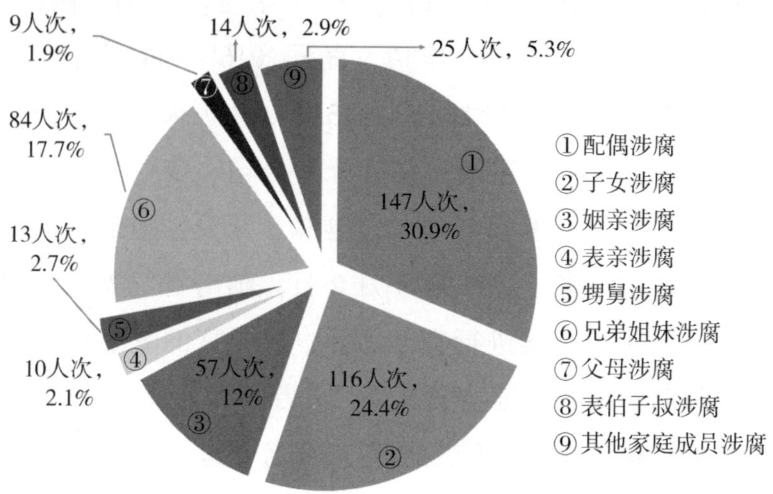

图 2—5　家族成员涉家族式腐败结构分析（总计 197 人）

参与腐败（达 116 人次），即社会上所说的“腐败夫妻档”“腐败父子兵”。值得注意的是，父母、兄弟姐妹、叔侄子侄、翁婿、连襟、甥舅及姻兄弟姐妹等亲属共同腐败在本案例中均有涉及，其他家族成员（如配偶、兄弟姐妹之外的远亲等）参与腐败亦有涉及（见图 2—5），这反映出家族式腐败的参与对象以“水波涟漪的方式”向家族成员逐步扩散，同时也表明腐败官员的背后时常活跃着“贪内助”“衙内”身影。管好配偶、子女、兄弟姐妹及其他近亲属等身边人，筑牢家庭廉政防线是防治家族式腐败的重要一环。

六、家族成员涉腐败情形：越来越复杂多样化

随着党的十八大以来中央和各地反腐败力度不断加

大，腐败官员及其家族成员为逃避党纪处分和法律制裁，为家族牟利的手段层出不穷，家族成员涉腐情形可谓复杂多样。在本研究案例中，据合并同类项后粗略统计，家族成员涉足官员腐败案的具体情形至少有 15 种之多（见表 2—2）。例如，有的伙同家属、亲戚受贿索贿；有的支持、纵容家族成员利用其特殊身份擅权干政牟利，非法牟取巨额利益；有的利用职务便利为亲属的经营活动谋取利益；有的伙同家族成员通过内幕交易非法获利；有的利用职务便利为亲属在银行揽储业务上牟取利益；有的利用职权在干部选拔任用中为家族成员牟取人事利益；有的授意亲属在请托人的公司挂职取酬（即“吃空饷”）；有的伙同亲属行贿；有的收受亲属贿赂；有的伙同亲属侵吞公共资产；有的与亲属合谋贪污或挪用公款；有的利用职权和职务便利为家族成员低价购房（即“以权谋房”）；还有的伙同亲属转移赃款赃物、销毁腐败证据；等等。更有甚者，是上述多种情形相互交织，既利用职务便利为亲属经营活动谋取利益，又伙同亲属索贿、受贿等。其中，通过亲属索贿受贿成为家族式腐败的最高发形态，利用职权为亲属经营活动谋取利益次之。这一方面反映出在我国经济社会高速发展期，家族式腐败情形在不断花样翻新，另一方面也说明随着经济体制的完善，在反腐败高压态势下，腐败官员直接的受贿难度越来越大，需要通过家族成员作为权钱交易或非法经营的中间人以实施更加隐秘的腐败。

表 2—2　家族成员涉腐情形不完全统计表（总计 197 人）

序号	涉及家族成员的具体情形	人次	百分比（%）
1	通过或伙同亲属索贿、受贿	132	67.0
2	利用职务便利为亲属经营活动谋取利益	72	36.5
3	利用职权和职务影响为家族成员谋取人事利益	22	11.2
4	默许、纵容亲属利用其职务影响谋取私利	12	6.1
5	伙同亲属贪污、侵占集体资产	11	5.6
6	收受亲属贿赂	9	4.6
7	伙同亲属窝藏转移赃款、销毁证据	7	3.6
8	利用职务便利安排亲属挂名取酬	5	2.5
9	伙同家族亲属通过违规持股、入股获取不当利益	4	2.0
10	利用职务之便为亲属在购房中谋取私利	3	1.5
11	利用职务便利为亲属承揽金融业务谋取私利	2	1.0
12	伙同亲属行贿	2	1.0
13	伙同亲属非法倒卖土地使用权谋取私利	1	0.5
14	利用职务便利伙同亲属骗取国家补偿款	1	0.5
15	伙同家族成员通过内幕交易非法获利	1	0.5

总之，通过较为直观的案例统计分析虽不能完全反映当代中国家族式腐败境况，但通过相关数据分析和整体考察仍能概括出一些显著的特点及趋势，并能对我们正确认识和对待家族式腐败现象产生问题导向意识。

其一，如何防控发生在权力或资源集中领域的家族式腐败。从当下披露的腐败大案要案看，涉腐官员的家族亲属利用其职务影响无论是从政还是经商均能展现出非常人的“超凡能量”。如何防止公权力外溢至官员的家人亲属，如何制定更有效的反腐败政策、法律和制度防止形成家族式腐败利益集团，将是深入推进反腐败斗争必须加以深入研究的重要课题。

其二，如何治理基层家族化腐败现象。“当下中国基层权力‘家族化’现象呈现出基层官员家族网络不断扩大、基层权力‘家族式’垄断色彩增强、基层官场生态畸形化日益突出、基层权力‘家族化’层级明显上升等发展趋势。”① 就现实来看，有的基层干部以血缘、宗亲为纽带形成地方宗族恶势力干扰基层选举、把持基层政权，伙同家族成员侵吞公共财产，强占集体资源，为个人和家族牟取非法利益。有些基层的家族化权力往往与上级官员往来密切以寻求庇护，形成了一张错综复杂的互惠互利的关系网络，给治理基层腐败增加了很大难度。因此，如何防止基层公权力家族化形成家族化腐败的“涓滴效应”，需要引起高度重视。

其三，如何对越发隐蔽的家族式腐败进行及时有效的惩治是又一难题。随着经济活动在时间与空间上的广泛延伸拓展，资本、公权力与亲情胶合形式日益多样化、作案场域日趋国际化，家族成员抱团腐败的隐秘性更强。

① 张喜红：《基层权力“家族化”的治理之道》，《学习与探索》2013 年第 12 期，第 66—71 页。

这表明，如何对越发隐蔽的家族式腐败及时查处，将是治理腐败必须解决的问题。

其四，家族式腐败的典型特征、危害及其生成过程和演化趋势实际上已经预设着，治理家族式腐败必将不是一朝一夕就能大功告成的，需要标本兼治，需要长远谋划，这也是研究过程中必须给予充足关注和思考的核心议题。

第三章
家族式腐败的运作模式

作为一种极为复杂的社会现象，家族式腐败的手段和途径及其表征可谓各式各样乃至花样百出。通常来说，家族式腐败是通过哪些方式得以实施呢？通过对大量家族式腐败案例的形成和发展过程进行归纳分析，可以发现其运作方式具有一定规律性，如收受贿赂曲线化、利益输送关联化、利益回馈期权化、利益交换网络化等。本章根据腐败主体的不同行为方式从理论上将其概括为三种主要模式：共同受贿模式、权力荫庇模式、期权投资模式。这三种模式各具不同的特点，在不同阶段的家族式腐败案例中也广泛存在。以下各节内容将这些运作模式逐一呈现，并结合已公开典型案例加以分析和说明。

第一节　共同受贿模式

“社会学研究证明腐败已发生质变，具有越轨性质的自发腐败行为已被按一定规则进行的常态化行为所取代，腐败行为已经具有稳定的组织形式。在这一过程中，中介‘制度’的形成起了重大作用。”① 近年来伴随我国反腐败力度的加大、法律制度的健全完善以及腐败空间的不断被压缩，越来越普遍地出现了贪腐行为中的“中间人”这一关系角色。一方面，腐败官员想要借助于“中间人”来达成贪腐目的，为的是能获取更大的、更稳定且更隐秘的非法利益；另一方面，为了避免被外界发现，请托人也会想方设法寻找到与掌权者具有某种特定关系的中间人，为的也是能更便捷、更有效地谋取不正当利益。其中，官员与亲属这一命运息息相关的“中间人”共同受贿在腐败案件中占据很大比例。

一、共同受贿中的角色扮演：从参与协助到主动出场

家族式腐败中的共同受贿模式，是一种公职人员与其家族成员（通常是关系密切的亲属或往来较多的亲戚）在权钱交易行为中的相互合作方式，指的是掌握权力的公职人员运作公权力为他人牟利，亲属则心领神会地充当权钱交易的“收款员”“代理人”，或者亲属主动寻找“客户”出演“权力掮客”，从而形成了“请托人—官员亲属—腐败官员”的权钱交易链条，呈现出“官员台前

---

① 〔俄〕哈布里耶娃：《腐败：性质、表现与应对》，李铁军译，法律出版社 2014 年版，第 1 页。

办事，亲属幕后收钱”的共同贪腐景象。一般来说，官员与其亲属共同受贿有以下几种常见方式：一是由公职人员为请托人谋取利益，由亲属从请托人处收受财物；二是亲属收受请托人财物，随后告知公职人员，而公职人员遂为请托人谋取利益；三是公职人员利用职务便利为请托人谋取利益之后，请托人为感谢将贿赂财物送给其亲属，而亲属收取贿赂财物后告知公职人员，公职人员予以认可。由此，在这类家族式敛财共同体中，公职人员的亲属大多数情况下扮演着“赃款收银员”“权力掮客”“操盘手”等角色。以下结合几个典型案例加以分析和说明。

案例 1：危某峰（广东省财政厅原副厅长）向某建材公司老板陈某某索要 3 笔“好处费”，第一笔 60 万元现金是其妻子到约定地点与陈某某见面取钱；第二笔现金 60 万元是其妻妹的前夫到约定地点与陈某某交接；第三笔 200 万元现金因数额巨大，危某峰委托另一个妻妹假借出租铺位名义，收受陈某某以公司名义转入的款项。某公司送的 30 万股原始股，危某峰妻子以自己母亲名义收受，并亲自经手办理。为了方便收赃、转赃，其妻甚至把身边的朋友当作丈夫受贿或转移财产掩人耳目的工具，利用朋友的身份证开户存钱，再通过其他方式转移赃款。到后来为了消除犯罪痕迹，其妻编造各种谎言，骗取开户人到银行销户。听闻纪委摸排调查的风声，危某峰整个家族忙于销毁证据，伪造相关收据，进行串供，同时威胁相关涉案人员不要乱说话，否则对其不利。其妻还利用自己的公职身份和人脉关系，四处为丈夫刺探“情报”。

案例2：山东省淄博师范高等专科学校原党委书记、淄博市教育局原局长张某亮利用职务便利，单独或伙同妻子、女儿索取、收受40多个单位或个人的房产、现金、银行卡、购物卡等财物，折合人民币864万余元；贪污公款324万余元；挪用公款1000万元给他人用于经营活动，谋取个人利益。张某亮不仅自己到处伸手，而且默许、纵容家人亲属利用其职务影响收受钱财。其妻子、女儿对张某亮严重违纪违法行为不仅不制止、不规劝，而且主动参与其中，伙同张某亮收受贿赂达255万余元，占张某亮受贿案值近三分之一，起了推波助澜的作用。家庭成员合伙作案，违纪违法家族化特征明显，结果是全家人都受到了党纪国法的惩处。其妻子借张某亮影响帮助别人安排工作、为房地产商和教学仪器供应商等谋取利益，与张某亮共同收受、索要汽车、房产、现金等贿赂235万余元，被开除党籍、开除公职，因犯受贿罪被判处有期徒刑十年；其女儿怂恿张某亮指派市教育局所属学校采购请托人所售教学设备，主动索贿40万元；其妻妹长期帮助张某亮夫妇保管、经营、隐匿违纪违法所得，并利用赃款炒房、放贷获利；其妻兄借负责开发市教育局房产项目之机，从中获利60万元。

以上的两个案例均是腐败官员与其亲属共同受贿行

为的呈现。从中可以看出，贪腐官员的亲属在共同受贿行为中的角色扮演大致有如下几种：

其一，充当赃款接受员。一些腐败官员本人不直接收受贿赂，而是通过配偶、子女及其他亲属收受贿赂，这些腐败官员的亲属对请托人所送的各种礼品、钱财，不管多少，也不论性质如何，欣然接受，当权钱交易的“收银员”。即一个谈事办事、一个收钱数钱，亦即“收钱人不办事，办事人不收钱”，彼此心领神会、心照不宣。例如，案例 1 中危某峰以不法商人为对象，大搞权钱交易，其妻子、妻妹、岳母等亲属要么到约定地点与行贿人交接，要么以自己名义接受贿赂款存入银行，他们实际上充当着赃款接收员的角色。案例 2 中张某亮利用职务便利，大肆索贿、受贿。在其贪腐过程中，妻子、女儿主动参与其中，伙同张某亮收受贿赂达 255 万余元，占张某亮受贿案值近三分之一，成了名副其实的权钱交易“收银员”。

其二，充当权力掮客。相比被动协助收受贿赂而言，有些腐败官员的亲属则依托固有的血缘、姻亲关系，凭借接近掌权官员的独特优势，积极主动寻找“客户”，在掌权官员与“客户”之间牵线搭桥、介绍贿赂并从中渔利，他们时而殷勤地跑前忙后，时而忙着穿针引线、居中协调，成为掌权官员名副其实的“经纪人”，将他们手中的公权力用到了“极致”。例如，苏荣妻子于某某倚仗丈夫的职权和影响力，在江西各地竞相游走，一方面频繁插手工程建设、土地出让、招标投标，不断索取收受他人巨额财物；另一方面成了许多商人、干部竞相逢迎的对象，当地很多干部在不能直接找到苏荣之际，都会选择走于某某这条“夫人路线”。而于某某则通过丈夫苏荣让其安排请托的干部，同时借其官威，直接给省市领导打招呼提拔使用干部，进而完成权钱交易、买官卖官事项。这其中，于某某俨然扮演着官场“权力掮客”和苏荣权钱交易“代言人”的角色。

其三，担任“操盘手”。有些腐败官员的亲属在贪腐行为中担任“操盘手”的角色，他们或是帮着腐败官员出谋划策，或是坐镇指挥，或是居中调解，或是保管、转移、藏匿赃款赃物，或是亲力亲为操纵皮包公司“洗钱”等。例如，案例 1 中危某峰的妻子不仅参与收受贿赂，更是“操盘指挥”“亲力亲为”，为危某峰受贿出谋划策、提供掩护、销毁证据，甚至还利用自己的公职身份和人脉关系，四处为丈夫刺探“情报”，在危某峰整个家族贪腐过程中，俨然扮演着“操盘手”的角色。案例 2 中，张某亮的妻妹长期帮助张某亮夫妇保管、经营、隐匿违纪违法所得，并利用赃款炒房、放贷获利，也在一定程度上充当了权钱交易“操盘手”的角色。

在上述几种角色扮演中，有的情况下是一名或多名亲属扮演同一种角色，有的情况下则是一名或多名亲属扮演多重角色；有的情况下是官员主动贪腐、亲属从旁协助，有的情况下则是亲属主动索贿、官员认可接受。

它们均是贪腐官员与其亲属在权钱交易过程中的共同受贿行为，且相互之间形成了敛财共同体（基本关系模式见图3—1）。在这类家族式共同受贿敛财中，官员与配偶、子女等亲属“并肩作战”，前者大开权力黑市，后者负责收款、保管甚至转移赃款。他们的亲属或充当“批发商”，倒腾公共资源，进行公权力寻租；或出演“经纪人”，客串官场掮客，帮助买官卖官；或热衷“二人转”，一方前台扮“红脸”“倡廉”，另一方后台唱“白脸”收黑钱。而这些角色的背后，正是公职人员的亲属所具有的特殊影响力在发挥作用。

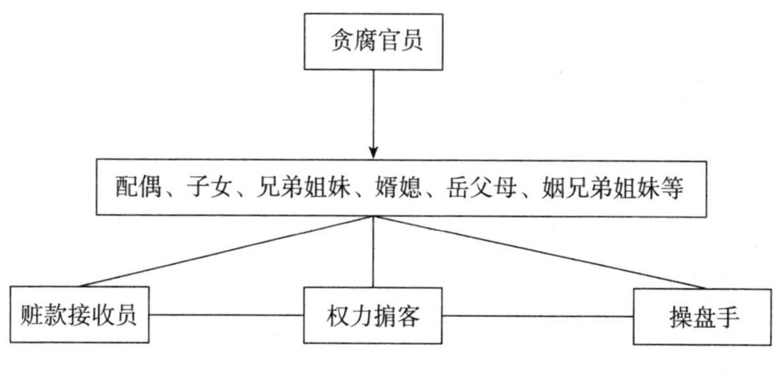

图3—1　共同受贿模式关系图

二、共同受贿中的行为主体：以血缘为波纹向家族扩散

在现实案例中，很多官员贪腐是伙同亲属收受贿赂。本书根据血缘、姻亲关系定位及亲疏远近程度，大致将亲属参与受贿的行为主体划分为如下几种类别：

第一，配偶类近亲属伙同受贿。配偶作为亲属的一个核心因素，因其特定的婚姻关系，在家庭生活中通常是官员的“枕边人”，与官员的关系最为密切、相处时间最为长久、生活工作方式也最为了解，其对官员的影响是其他任何亲属都难以企及的。因而在贪腐战线上，“夫妻档”自然是最得天独厚的战略同盟。就现实生活来看，不少官员与其配偶同台搭戏，夫妻双方“台前幕后”结成受贿敛财共同体，唱起贪腐“二人转”，他们或对丈夫（妻子）的贪腐行为视而不见，或同流合污，赤裸裸地帮助丈夫（妻子）受贿、索贿，看上去俨然一幅“夫妻同心，其利断金”的壮观贪腐场景。由此，他们也充任了官员受贿行为的帮手或助手，有时甚至是主要受贿行为人。类似于这样的由夫妻共同导演的受贿案例不胜枚举。

第二，父母、子女类直系血亲伙同受贿。父母、子女作为官员上下衔接的一代直系血亲，其血缘关系尤为密切，可以说能与配偶的地位相提并论，甚至现实中不少官员愿意为了父母、子女做出一些违法乱纪的事情。孝敬父母、疼爱子女，乃人之常情，官员亦不能例外。然而，现实中一些官员与其父母、子女亲情异化，滑向了共同受贿敛财的贪腐深渊。例如，上述案例2中张某亮为了爱女以身试法，在其女儿怂恿下指派市教育局所属学校采购请托人所售教学设备，女儿主动索贿40万元。

第三，兄弟姐妹类旁系血亲伙同受贿。兄弟姐妹作为官员的旁系血亲，与官员一同长大，其感情不可谓不深厚，亲情程度与直系血亲的地位虽有所相差却并不太远。有些官员一旦掌握权力后，不敢明目张胆直接受贿敛财，转而避人耳目助其兄弟姐妹发家致富，与其共同曲线捞钱。例如，安徽淮南市委原书记方西某伙同其兄方东某，以合伙组建的公司为掩护收受房产产权及股权3000余万元，一个负责营造环境和协调难题，一个负责具体联络协调推进，演出了一台“兄弟腐败戏”，将掘财之道演绎得颇为默契。湖南省交通厅原副厅长马某伟与其妹妹马某英采取由马某英出面联系、马某伟打招呼的方式，心照不宣地“合作”起来，短短几年，马某英先后收受贿赂90余万元，成为“百万富姐”。

第四，姻兄弟姐妹等亲属参与受贿。出于维系姻亲的良好关系考虑，除了直系、旁系血亲之外，有些官员也会把姻亲一起纳入共同受贿的敛财共同体。姻亲作为官员配偶或者子女的配偶的亲属，因受其配偶、子女的间接“桥梁”作用加以影响，在官员的亲属地位中亦举足轻重。例如，案例1中危某峰的妻子、岳母、兄弟、妻妹、妻妹夫等近亲属全部涉案，打造了一条以危某峰为轴心，以不法商人为对象，以其妻为“操盘指挥家”，其岳母、妻妹等人为赃款接收员的立体腐败“网络”。在这个家族式轴心腐败链条中，不仅有配偶、兄弟等亲属的参与，还有妻妹、妻妹夫等姻亲类亲属的参与。案例2中张某亮不仅伙同妻子、女儿受贿，且其妻妹长期帮助自家保管、经营、隐匿违纪违法所得，并利用赃款炒房、放贷获利，其妻兄亦借着张某亮的职务便利及影响力在教育局房产项目中获利，他们在张某亮家族式敛财共同体中同样是重要的参与者。

倘若进一步对参与受贿的亲属主体进行深究的话，不难看出，此行为主体是以血缘为波纹呈同心圆向家族扩散的。由此，参与受贿的亲属大致构成这样三个关系圈层：核心圈层、可靠圈层、有效圈层。其中，配偶及父母子女类直系近亲属构成了核心圈层，兄弟姐妹类旁系血亲构成了可靠圈层，而有效圈层则包括大量姻兄弟姐妹类姻亲属和其他家族亲戚。这既是家族亲属中由近及远的交往对象，也是家族式腐败中共同受贿模式的发生路径。

第二节　权力荫庇模式

根据《现代汉语大词典》的解释，“荫庇”中“荫”是指林木遮住日光所成的阴影或树荫；“庇”则是指遮蔽、掩护、庇护及包庇、庇短的含义。“荫庇”的原意是指大树枝叶遮蔽阳光，宜于人们休息。旧时也常指子孙凭借先辈的功勋而得到封赏，如凭借父亲荫庇，为朝廷命官。[①]

翻看云烟浩瀚的历史不难发现，官员利用权力荫庇

① 参见阮智富、郭忠新：《现代汉语大词典》（上册），上海辞书出版社 2009 年版，第 954 页。

家族成员在古今中外的历史上广为盛行，在当今社会生活中亦十分普遍。例如，南非共和国公共保障部在给议会的一份报告中指出："任何一个在政治上身居要职的人都会被那些期望得到庇护的亲戚和朋友紧紧包围。几个世纪以来的传统则毫无疑义地要求必须提供所需要的庇护。如果没有工作，则会为他们的亲戚朋友重新设立一个位置。"[①] 1998 年 12 月 17 日的《纽约时报》曾报道了发生在爱尔兰上层统治者之间的一桩权力荫庇亲属的腐败丑闻："前首相查尔斯·豪伊（Charles J. Haughey）收受了一个商人赠予的 2 亿美元礼物而无须交纳税金。该决定是由他的妻弟——现任首相伯蒂·埃亨（Bertie Ahern）作出的。而且伯蒂·埃亨的政治生命是由查尔斯·豪伊先生一手辅佐起来的。"[②] 而在印度，家族提供了现成的亲属关系网络，如报纸上经常可以读到这样的消息，某个家族政党上台后，大量新任命的公立教师或医生来自该家族所在的种姓。[③]

巴西也存在类似的情况，据 2000 年 3 月 17 日 BBC 世界报道，巴西的代表们提出了一个法案，该法案将宣布政府和议会里的裙带关系为违法行为。该议案的目的

---

① 转引自关于政府裙带关系的定性调查报告：《南非共和国公共保障部对南非议会的第 11 号报告》（特殊报告），《裙带关系和阿皮亚（Apia）的公共服务的发展：一个批评性的评论》，1999 年 4 月 15 日。

② 转引自〔新西兰〕杰瑞米·波普：《制约腐败——建构国家廉政体系》，清华大学公共管理学院廉政研究室译，中国方正出版社 2003 年版，第 285 页。

③ 陈金英：《现代民主政治中的家族政治——一种尝试性分析框架》，《政治学研究》2017 年第 1 期，第 80—89 页。

就是要控制那些政治家们大量地用高薪雇用他们的亲属的现象，也将预防政府部门的官员们通过血缘和婚姻关系雇用他们的家庭成员。但是，该法案离通过所需的308票还差22票，同时有153个立法委员公开表示反对。议会领导人所进行的非正式调查显示：513名立法议员中有约60%的人雇用了自己的亲属。[①] 我国学者陈国权等人指出："腐败行动者为了更安全地实现利益扩张，需要寻求庇护者、同化临近者，形成'风险共同体'，同时腐败行动者也受到亲情、人情网络等多重圈子的规范约束，采取特殊主义行为方式为他们谋取利益或提供庇护。"[②]

倘若单纯从自然特性来说，"荫庇"家属、亲戚行为并不能称作一种腐败行为。然而，在当代民主社会条件下，当"荫庇"行为与权力相互勾连在一起时，它往往会衍生出各式各样的权力腐败现象。因此，人们所言及的荫庇腐败，通常是指国家公职人员运用自己所掌握的公权力或影响力，为与自己有血缘、姻缘、地缘、学缘、业缘等特殊社会关系的人提供权力庇护，以权谋私，从而导致损害公共利益的行为。从整体上看，因血缘、姻缘关系导致的权力荫庇在家族式腐败中极为盛行，且主要呈现出两种倾向：一是荫庇仕途，即官员运作手中的权力提携家族成员，为他们谋取仕途上的利益，并充当

---

① BBC世界报道，2000年3月17日。

② 陈国权、毛益民：《腐败裂变式扩散：一种社会交换分析》，《浙江大学学报》（人文社会科学版）2013年第2期，第5—13页。

其职务晋升的“荫庇人”，其荫庇小到为家族成员谋取公职、提拔升迁，大到形成家族式的官场贪腐帮派团体。二是荫庇经营活动，即官员利用职权或影响力为配偶、子女或其他家族成员开公司、办实体、接项目等盈利活动提供各类便利条件，家族成员则从中渔利。

一、荫庇仕途：“朝里有人好做官”

一段时期以来，官场上或公务领域中家族主义式的裙带关系①、近亲繁殖现象较为严重，父子、夫妻、连襟等亲属分居上下级或同级领导岗位的现象并不鲜见，在有的国家的一些地方和部门甚至出现了一家或一族中多人“同朝为官”的“政治家族”，如前文提及的印度尼西亚苏哈托家族、菲律宾马科斯家族等均堪为典型。从中可以看出，“政治家族”在当地相当普遍，占据了各部门的重要职位。

事实上，一个家庭或家族出几个官员，如果完全是靠才能当官，提拔任用后能遵纪守法，恪尽职守，勤政爱民，对此并不会引起人们的非议。但如若出现的是资历、能力、素质平平甚至低下之辈，仅凭借“朝里”有人当的官即“裙带官”，并能获得快速升迁，搞权力私相授受，对此行为人们不仅会嗤之以鼻甚至还会痛恨。尽

① “裙带”，本意是指妇女衣饰。到了我国宋代，人们把因妻子、姊妹的关系而得到的官职称为“裙带官”，把相互利用、攀援的姻亲关系称为裙带关系。当下所谓的“裙带关系”的范围虽然已然超出了原来的亲缘关系的界定，但其核心关系依然是血缘和姻缘关系。

管新闻报道和影视剧中所言及的政治家族现象只是众多家族式荫庇行为中的一个缩影，但它们却为“封妻荫子”“父功子荫”的荫庇仕途型家族式腐败做了生动的注脚。

所谓“肥水不流外人田”，权力牢牢攥在“自家人”手中，敛财方可得心应手。与此相伴随的结果往往是公共权力经过家族成员间长期的单线传承，单个官员家族的权力便会形成一定规模，进而出现父子、夫妻、兄弟、翁婿等亲属“同朝为官”进而“官官相护”“官官勾连”的家族贪腐利益集团，不仅加快了“权力递延”的家族“世袭化”，而且在一些地方形成财大气粗有时甚至能左右当地政治生态的“家族势力”。需要指出的是，在这种荫庇仕途型家族式裙带腐败中，通常以家族中最有权势的核心成员为中心呈现同心圆的向外扩散，这其中不仅囊括了配偶、子女、兄弟姐妹等亲属，而且还能网罗女婿、儿媳、妻弟乃至七大姑、八大姨等亲戚，形成了一个大的生物学意义上的“腐败家族”。为了使上述理论观点更具说服力和现实感，以下结合具体的案例加以进一步分析和说明：

案例：从1993年起，王昭耀先后担任安徽省副省长、省委副书记，到2005年东窗事发时，在长达十多年时间里，他致力于“经营”他的“权力家族”。在王昭耀的亲自“运作”下，整个王氏家族人人都有权力磁性，其妻子、儿子、两个妻弟等家族成员纷纷跻身厅处级干部行列，被称为安徽“第一权力家族”。王昭耀的大舅子杨某大学毕业后，一直在砀山县师范学校当化学教师。1994年6月前后，王昭耀给有关组织部门领导“打招呼”，8月，杨某当上了淮南市气象局局长。因感觉“混个小小的市气象局局长太委屈了”，于是杨某当市气象局局长不到5年，1999年，王昭耀不动声色地将大舅子扶到安徽省气象局副局长的位置上。又因“不喜欢一辈子和老天爷玩”，于是，王昭耀又安排他到宣城行署挂职当副专员，宣城地改市，他任副市长，然后升任市委副书记。看到大哥凭借姐夫升官，作为货车司机的小舅子杨某信眼馋了，也直接跑来找姐夫要官做。2001年年初，杨某信成为砀山县委组织部副部长。2002年3月，杨某信被调离了砀山，但官升一级，担任灵璧县委组织部部长，半年后进入县委常委序列。当时的杨某信给人的印象是：能力弱，水平低，读报纸经常念错别字，平素不看文件，不了解干部政策，办事不讲原则，不能胜任工作。2004年年初，杨某信出任宿州市委组织部副部长。3年时间，杨某信连升三级。随后，王昭耀的妻子也由砀山曲艺团的一名演员被调到安徽省行政事务局当接待处处长。大儿子安徽师范大学毕业后，被安排到阜阳市政府办公室历练，然后被调到团省委，任联络部副部长。

有了官位后，两个妻弟和儿子都把权力当商品，大搞权钱交易，疯狂敛财。杨某信上任不到3个月，就开始大肆买官卖官。自他担任县委组织部副部长起，短短4年多，竟228次受贿，受贿98万元，后来甚至发展到以

“假乌纱”乱真的地步，他伪造国家机关证件、印章，为卖官提供方便。弟弟走的是“卖官”之道，杨某则走的是收钱为人“保官”之途。2003 年 2 月底，安徽振汉塑胶公司因涉嫌走私，被芜湖海关查处，公司总经理被拘。总经理妻子请杨某“救人”，并暗示有酬谢。于是，杨某出面协调，总经理被取保候审。同年 4 月，宣广高速公路祠山岗收费所所长徐某私自发售高速公路月票被市纪委查处。在杨某干预下，徐某受处分较轻，而且岗位调动如愿以偿，杨某同时收下 1 万元“说情费”。王昭耀的儿子王某在团省委任职实属清水衙门，但是王某“悟性高”，借父亲的势“捞钱”。老百姓对安徽双轮集团总经理刘某卿颇有怨言，刘某卿就花数十万元聘请王某高调到双轮集团“视察”。省委副书记的儿子来视察，自然给公司装门面。而且，王某还悄悄怂恿母亲，说服父亲到双轮集团“调研”，以给刘某卿压阵。而王昭耀的妻子则在家中帮着收受“买官者”送的“过节费”。

2005 年 4 月王昭耀被“双规”，他的“权力家族”也分崩离析：在省城做官的妻子和大儿子被“双规”；妻二弟——原安徽宿州市委组织部副部长杨某信于 2006 年 6 月 7 日被判刑 15 年；妻大弟——原安徽宣城市委副书记杨某受审。2006 年 8 月上旬，王昭耀本人也被移送到山东省济南市检察院审查起诉。[①]

---

① 参见田国良：《反腐倡廉警示读本：高官腐败案例剖析》，中共中央党校出版社 2015 年版，第 143—150 页。本文在引用时略有删改。

以上的典型案例是基于血缘、姻亲关系在荫庇仕途型家族式腐败行为中的呈现。从中可以看出，一些官员肆意运用手中掌握的公权力，想尽一切手段将自己的配偶、子女等亲属安排进入本地区或本部门党政机关任职，或是在他们年龄不够，或是经验不足，抑或是在其任职资格都不具备的情况下，经过非正常程序将他们突击提拔到重要的领导岗位上来，以形成“夫贵妻荣、父功子荫”的家族官场帮派集团。正如林语堂在《裙带、腐败和礼俗》中所说：“一个成功者，如果他是一个官吏，往往把最好的差事分配给自己的亲戚。如果当时没有一个现成的职务，他会制造一个闲职出来。”① 其操作手法通常是通过“打招呼”“伪造资质”等方式来“安排”权力家族成员，使得原本不具备履行相关岗位职责所要求素质的家庭成员乃至家庭外围的亲戚纷纷踏至官场，有的甚至快速居于领导岗位。这些官员无疑滥用了人民赋予的公共权力，为与自己关系亲密的亲属谋取仕途，属于典型的家族式裙带腐败，在人民群众中造成了很坏的影响，严重的甚至给党和国家的建设事业蒙上了一层阴影。

实际上，无论是王昭耀“大刀阔斧”弄权构筑的“安徽第一权力家族”，还是新闻媒体曾报道的山西“房媳”的公公孙某某“用足用活”权力而打造的庞大“官

① 林语堂：《中国人》，郝志东、沈益洪译，学林出版社2007年版，第138页。

员家谱”，均一度形成了在当地能左右政治生态的家族势力。依靠家族权势人物的荫庇，家族成员贪污腐败有恃无恐。譬如，在2006年国家严查矿窑里的官股时杨某就被查出有干股70余万元，杨某信在担任砀山县委组织部副部长时就有不少老干部联名向省委写信告状，但均由于有“省官”姐夫的关照庇护，两个小舅子都毫发未损。而随着核心人物王昭耀的落马，整个王氏家族其他相关成员的贪腐行为也很快得以揭露并受到查处。

二、荫庇经商：“大树底下好乘凉”

在现实的社会生活当中，不少官员亲属把“身在侯门，不当革命接班人当商人”奉为人生信条，在经商后，凭借家里的权势关系优势快速进入市场，并获取各种便利和优势条件。而一些掌握公权力的官员则利用公权力及其影响，为配偶、子女或其他亲属开公司、办实体、接项目提供各种便利和优惠条件，亲属则从中大发其财，即“为亲属的经营活动谋取利益”。这种家族式腐败模式的显著特点是家族成员中有人在“体制内”掌握权力，有人在“体制外”从事经营活动，即一家之内分成“权与商”两部分，一方当官、一方经商，亦即人们常说的“前门当官、后门开店”，官商勾结、共谋利益，从而形成“权为商开路，商为权巩固”的家族官商勾连腐败链条。如同高波所说：“体制内的人通过公权力为体制外亲属的生产经营活动提供‘帮助和支持’，而体制外的人则通过金钱的力量为体制内亲属的升迁、调动提供便利，以攫取更大的利益。”①

在这种“一家两制”、官商一体之下，一些手握权力的官员或为亲属在其管辖范围内经商办企业、投资理财提供“帮助和支持”，甚至直接出面“站台”，或为亲属专门承接与其分管领域相关的产业和项目辟“自留地”、开“绿灯”，进而达成权力变现、迂回助亲等利益输送的贪腐目的。在现实的社会生活当中，官员利用公权力荫庇亲属经商的手段及形式复杂多样，② 本章依据官员权力荫庇亲属经商非法牟利的不同运作关系，梳理出如下几种较具代表性的类型：

（一）近水楼台型

有些官员在本人管辖的地域和业务范围内，利用职权及影响力为亲属经商办企业、承接项目等活动谋取利益，而这些官员的亲属则是背靠官员的权威、余荫，在经商办企业、接项目活动中“近水楼台先得月”，往往能拥有超过其他同行业者的“特殊竞争优势”。这类官员利用权力荫庇亲属经商所构成的腐败行为，比其他形式的官商勾结、权钱交易，不仅更为便捷有效，有时还更趋

① 转引自陈弘毅等：《“一家两制”：巡视发现利益输送新花招》，《新华每日电讯》2014 年 11 月 6 日。

② 有研究者以政府官员亲属违规经商的运作关系为依据勾勒出瞒天过海型、依附衍生型和狼狈为奸型这三种类型，并逐一分析了各自运作的关系逻辑，这也从一定程度上说明了官员权力荫庇亲属经商腐败行为的复杂多样性。参见郭燕：《政府官员亲属违规经商问题分析及其治理》，广州大学硕士学位论文，2016 年，第 20—22 页。

地下化，利益输送发生在本人直接管辖的地域和范围，且受益的对象又直接是和本人关系密切的亲属，因而被一些腐败官员乐此不疲地加以运用，在社会上造成了极为恶劣影响。

案例 1：2016 年 1 月 19 日，中央纪委在通报上海市委原常委、副市长艾宝俊严重违纪时，其中重要一项便是“利用职务上的便利为亲属经营活动谋取利益”。据 2012 年 7 月上海媒体刊发的一条新闻，在智慧城市信息基础设施启动推进会上，艾宝俊启动了“i-Shanghai”服务标识并作讲话。之后，上海市经信委决定引入市场化运作机制，来提高“i-Shanghai”的有效持续运营水平。一家名叫风寻科技的公司，此时表达出合作意愿。风寻公司的法定代表人，正是艾宝俊之子艾某。后来，该公司获得了“i-Shanghai”的五年特许经营权。除了儿子艾某，艾宝俊的妻子与弟弟，也是上海商界的活跃人物。艾宝俊分管信息产业，儿子艾某成立了科技公司。在艾宝俊分管的国资领域，他的弟弟与妻子也有较深介入。艾宝俊的弟弟与妻子在股市上颇具影响力，尤其在一些国企改革题材股上斩获颇丰。[①]

案例 2：马科斯在菲律宾执政时期，其家族裙带们经商常常享受优厚待遇，他们通常能够获得专卖权并因此而攫取暴利，负责监管的官僚机构对此充耳不闻，形同

① 安伟光：《上海“首虎”艾宝俊被诉　被曝在任时全家上阵牟利》，正义网，http：//news.jcrb.com/，2016 年 12 月 8 日。

虚设。埃米尼奥·迪斯尼（Herminio Disini）（他娶了第一夫人伊梅尔达·马科斯的堂妹，而且是总统马科斯的高尔夫球伴之一）能够垄断菲律宾过滤嘴香烟市场的90%，而同时他却只需要上交10%的进口税，其竞争者则需要交100%的税。[①]

上述两个案例是基于政府官员在本人管辖的地域或业务范围内，利用职权为亲属经商办企业及承接项目非法牟利的行为呈现，均属于典型的官员权力荫庇亲属经商腐败行为。从中可以清晰地看到，有些经商办企业的家族“裙带者”通过其在某个地区或部门担任领导职务的亲属之干预而获得了此地区或部门的公共项目，因而获得了不正当的利益。可见，官商结合的家族滋生了权钱交易、关联交易等不正当利益输送的腐败问题。亲属在官员管辖的地域和业务范围内开公司、办企业及接项目活动中，具有“特殊竞争优势”，可谓要风得风、要雨得雨。他们经商的成功率、收益率远高于一般人，并不是由于他们本人都有经商的天赋，而恰恰是在其亲属官员的权力荫庇作用下的结果。[②] 在艾宝俊的权力荫庇下，他的儿子、妻子、弟弟在其分管的信息产业、国资国企

① Robin Broad, Unequal Alliance: The World Bank, the International Monetary Fund, and the Philippines (Berkeley: University of California Press, 1988), p. 45.

② 有学者分析指出，在已经查处的公职人员腐败案件中，亲属经商办企业的不在少数，并非其亲属都有经商办企业的天赋，而是公职人员手中的权力能助其获得巨额利润。公职人员亲属从事营利性活动的成功率远高于一般人，其中原因毋庸讳言，权力交易具有重要作用。参见田禾、吕艳滨：《论公职人员亲属营利性行为的法律规制》，《马克思主义研究》2014年第2期，第129—137页。

等领域内开公司、接项目、操纵市场牟利颇丰，而这些项目涉及了信息科技、国企改制等诸多内容，涵盖了信息产业和国资国企的部分业务范围。埃米尼奥·迪斯尼则是利用与马科斯家族的裙带关系来经商渔利，且正是在马科斯家族的权力荫庇下他经商才能拥有超过其他同行业者的“特殊竞争优势”。

（二）出面站台型

比起一些官员在其所管辖的地区和业务范围内“近水楼台式”的荫庇亲属经商活动，有些官员则直接从幕后走向台前，以出面站台的方式为亲属经商活动提供便利并牟取暴利。这种情形在我国近年来查处的案件中较为常见。例如，2015 年 10 月 16 日，中央纪委在通报河北省委原书记、省人大常委会原主任周本顺严重违纪问题时特别提道：经查，周本顺不仅本人严重违反廉洁纪律，利用职务上的便利在企业经营等方面为他人谋取利益并收受财物，而且为其子经营活动谋取利益。[①] 和不少落马官员一样，周本顺陷入腐败的泥潭，其中一个重要因素就是对子女的溺爱。在被查出的周本顺涉嫌腐败犯罪的问题中，相当一部分与其子经营的生意有关。2016 年 10 月 17 日，八集大型电视专题片《永远在路上》在央视开播，在第一集《人心向背》中，周本顺对自身的违纪违法行为进行自我剖析和忏悔时谈到了这样一个

---

① 参见新华社：《河北省委原书记、省人大常委会原主任周本顺严重违纪被开除党籍和公职》，新华网，http://www.news.cn，2015 年 10 月 16 日。

细节：

“我出个面帮他（指儿子周靖）站个台，一起吃饭，我什么话也没有说，别人就知道这个人上面有人，这个事都会办得通。”①

另外，2016年电视专题片《巡视利剑》第四集对国家统计局原党组书记、局长王保安如何出面站台荫庇其弟做生意的详情进行了报道。据专题片披露：

担任过财政部部长助理、财政部副部长的王保安是老家的名人，每当他回老家时，当地一些干部都会跑去“看望”，借此拉近关系。而这个时候，王保安则适时地把弟弟们引荐给地方官员认识。河南省农村信用社联合社原理事长鲁某就是其中一名想拉近关系的人。在跟王保安吃饭的时候，也认识了王的几个弟弟。后来，王保安的四弟王某某跑去拜访鲁某，说是王保安让他来找的，请鲁某给自己的项目批贷款。鲁某和王某某在郑州吃饭，席间给王保安打了个电话。时任财政部部长助理的王保安在电话里暗示鲁某“掂量一下”。“我在电话上会跟他说请你关照这句话嘛，我傻啊？尽管我不会说出让他关照的话，但是我的影响力是在的。”事后王保安自己这么说。在鲁某的帮助下，王某某的项目得到28家农村信用社的违规联合授信数亿元。

2011年，王某某的旺世公司经商务部审批，被确认

---

① 参看中央纪委宣传部、中央电视台：电视专题片《永远在路上》第一集《人心向背》，中央纪委国家监委网站，http：//www.ccdi.gov.cn，2016年10月17日。

为内资融资租赁试点企业，这背后也是王保安的影响力在发挥作用。王某某找到哥哥王保安，说自己在商务部谈事情，问哥哥在市场司有没有熟人？王保安刚好认识一个人，就打一通电话，希望对方在方便的时候见弟弟一下。市场司人士说，“行，让他来找我吧，没事”。这种电话王保安可没少打，他们一般不把这叫帮忙，“我们习惯的用语叫咨询一下”。[①]

由此可见，“站台”业已成为一些腐败官员荫庇亲属经商牟利的重要运作方式。从现实来看，官员为亲属经商站台的方式花样百出，既有打招呼、批条子，又有拉关系、铺路子，其中最为典型的是饭局站台，即官员不失时机地参加饭局，通过出席饭局、组织饭局的方式为亲属经商活动铺平道路。表面上没有任何“交易”的站台饭局，却无处不浸润着权钱的味道。事实上，饭局参与者各有所图。一方面，参加饭局的老板看重出席饭局的官员手中的权力及影响，需要他们的“露面关照”，以更快捷有效地谋取更多的利益。据专题片《永远在路上》第一集《人心向背》介绍，同周本顺的儿子合作后，这些老板经常组织一些饭局，邀请周本顺以及和自己项目相关的政府官员参加，周本顺能参加饭局，项目相关的政府官员自然也就有了“底气”，接下来的事便可按照既

① 参见中央纪委宣传部、中央巡视办、中央电视台：《电视专题片〈巡视利剑〉》第四集《巡视全覆盖》，中央纪委国家监委网站，http：//www.ccdi.gov.cn，2017年9月11日。本文在引用时略有删减。

有各方的事先“安排”稳妥推进。[①] 另一方面，官员也可以通过出席饭局，为亲属的经商活动“创造”机会和条件。“上面有人”是“饭局站台”传递出的最直接的寓意表达。官员只需在亲属参与的饭局上“露面”，而不用讲什么话，其他饭局参与者便能迅速“心领神会”到其中的奥妙所在。因此，“饭局站台”核心是“借权力的台，唱金钱的戏”，权力荫庇的意图十分明显，手法也特别隐晦，成为一些级别较高的官员荫庇亲属经商办企业、暗地进行利益输送的重要方式。

（三）依附寄生型

寄生是一个生物学概念，即“两种生物在一起生活，一方受益，另一方受害，后者给前者提供营养物质和居住场所”[②]。近年来不少官员与其亲属开办的公司之间达成“长期合作”，形成了生物学意义上的依附寄生型家族式腐败利益链。通常来说，维系此种家族式腐败利益链的方式是官员与其亲属之间从事同业经营、关联交易[③]，且多为与大型国企有密切关系的垄断性行业。其运作的手法通常是先由国企领导人员及其亲属创办一家或多家

---

① 周东旭：《周本顺为儿子站台　“上面有人”顽疾何除》，财新网，http://www.caixin.com，2016 年 10 月 18 日。

② 张羽：《寄生性腐败是家贼难防？》，《方圆》2016 年 19 期，第 22—27 页。

③ 所谓关联交易，按照《企业会计准则第 36 号——关联方披露（2006）》规定，指在关联方之间转移资源、劳务或义务的行为，而不论是否收取价款。由于关联交易方可以运用行政力量撮合交易的进行，从而有可能使交易的价格、方式等在非竞争的条件下出现不公正情况。参见张羽：《寄生性腐败是家贼难防？》，《方圆》2016 年第 19 期，第 22—27 页。

公司，紧接着专门承接与该国企领导人员所在企业相关的业务，并建立长期的“业务联系”，进而攫取国有资源和资金，将国有资产蚕食为家族私产。在这种依附寄生型利益链中，形成了一对固定关系，即国企领导人员所在的公司（称之为宿主公司）与国企领导人员亲属开办的公司（称之为寄生公司）之间的关系（见图 3—2）。

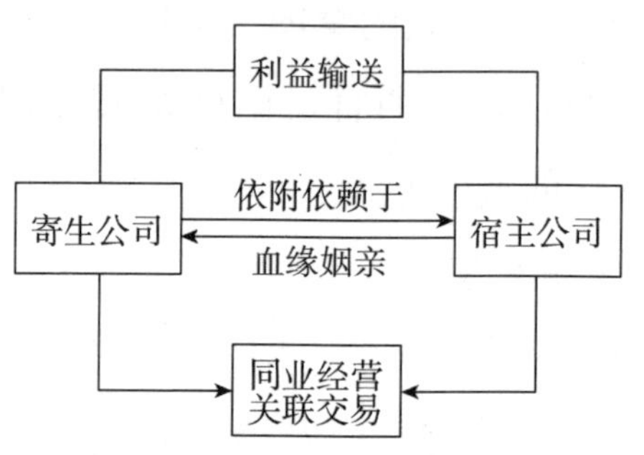

图 3—2　官员与亲属依附寄生型利益输送图

后者的主业完全依附寄生在前者的身上，其存在与发展以前者的存在与发展为基础。两者之间的链接点在于父母、配偶、子女、兄弟姐妹等基于血缘关系的亲情，且依靠国企领导人员掌握的决策权实现关联交易与利益输送，是一种领导人员与其亲属间的不当利益输送行为，实质上还是权力荫庇下的家族式经商腐败。

案例：2006 年，时任中国移动湖南公司总经理的王某根得知儿子王某与人合伙开公司但经营状况很差，这让他心里很不舒服。为了给儿子谋出一片“自留地”，王某根从自己占股的湖南路盛通饴服务有限公司“挖”走两名信得过的下属蒋某与韩某，带着王某做生意。2008年，经王某根提议，蒋某、韩某、王某共同出资100万元成立了长沙SC网络科技有限公司，其中蒋某出资75万元（包含替王某出资25万元）韩某出资25万元，蒋某占50%的股份，韩某占25%的股份，王某占25%的股份由蒋某代持。为了扩大和发展业务，蒋某、韩某、王某后又成立北京ZM科技有限公司和湖南WS科技有限公司，王某以同样的方式在两公司各持有25%的股份。在王某根的关照下，自2008年成立以来，上述三家公司承接了湖南移动梦网彩铃、短信体坛快讯、彩信手机报、地市手机报、湖南12580就业招聘、移动影号、移动梦网语音杂志、“娱乐快报手机报”“田园手机报”“校讯通”“家庭手机报”“大学生手机报”等多项业务。经司法鉴定，截至2015年10月，三家公司累计获利9218万元，王某按25%的比例进行分红，分红款一直交由蒋某保管。[①]

从上述典型案例可以看到，在利益诱惑之下，一部分国企领导人员凭借手中掌握的决策权和经营管理权，通过同业经营、关联交易，暗地里实现了向亲属开办公司企业的不正当利益输送，为亲属非法谋取巨额利益。案例中清晰可见：授意儿子创办各类公司，利用担任国企高管所掌握的决策权，使其子所在公司专门承接湖南

① 汪文涛：《电信大佬：干股的秘密》，《方圆》2016年第19期，第15—21页。

移动公司的各种关联业务，攫取好处。这种依附寄生型荫庇亲属经商腐败的行为不仅具有较高的隐蔽性，而且官员亲属经营的生意往往涉及水电、铁路、石油、电信等非竞争性行业，官员亲属在经商办企业中实际上寄生于垄断盈利业务，依附于公权力的滥用。

第三节　期权投资模式

权力具有可交换性和不平等性，早已被人们所熟知，因此对于掌权者而言，哪里能够增值，他就能将权力投向何方，即权力本身是可以用于增利的。林喆曾指出："任何一种腐败行为都是一种将权力作为资本运用（使用、消耗、积累、增值）的过程。"[①] 其中，将权力作为期货进行投资增利便是其中重要的一种方式。

期权投资中的"期权"一词最初是从经济学的期货概念引申而来的。在经济学中，期货是相对于现货而言的，其本质特征就在"期"上，即并非一手交钱一手交货，而是交钱与交货分开进行，亦即现钱与期货之间的交易。这种期货交易的市场经济行为被引入我国反腐败问题研究领域，并被用来解释公共权力腐败问题。部分腐败官员既不甘心轻易放弃权力寻租，又不敢明目张胆地以现权套现利，于是转而采取遮蔽的方式，即在职在

① 林喆：《权力腐败与权力制约》，山东人民出版社 2012 年版，第 210 页。

任时将手中掌握的公权力作为一种无形资产进行“资本投资”，待日后（过一阵子或离职、退职、退休以后）再套现“投资收益”的方式和策略。[①] 这种以现权套取期利的期权投资实质上是一种利用公权力谋取不正当利益的权钱交易行为，因而通常被学术界与实务界称之为期权腐败或腐败期权化。[②] 根据一些廉政研究专家和学者的观点，期权腐败与诸如现权与现利之间即时交易式的传统的、一般意义上的腐败现象存在着明显的区别。如阎德明、刘兆鑫所指的，期权腐败区别于其他腐败的一个最显著标志就是在于它是“现权”与“期利”之间的一种交易：职务犯罪嫌疑人利用职务上的便利为请托人谋取利益，但是并不要求即时回报，而是与请托人密谋约定，在该谋利行为的影响期过了以后，或者职务犯罪嫌疑人离职以后再予以兑现。也就是说，职务犯罪嫌疑人不是像过去有些贪官那样，一手办事、一手要钱，而是先投入权力资本、后求收受回报。[③] 这种“先期投入、后期回报”的权钱交易行为，具有“寻租”利益回报的高兑付

---

① 参见阎德明、刘兆鑫：《论“期权腐败”》，人民出版社 2012 年版，第 4 页。

② 目前国内学术界及实务界对其称谓不尽相同，有人称其为“权力期权化腐败”，有人称其为“期权化腐败”，还有人称其为“期权腐败”，亦有人称其为公共权力期权腐败，称谓虽不尽相同，但是其表达的基本内涵却是大同小异的。参见曹儒国：《领导干部权力期权化倾向及其防治》，《学习时报》2006 年 11 月 13 日；乔新生：《受贿罪与期权化腐败之中存在的法律真空》，《中国经济时报》2005 年 1 月 31 日；蒋元明：《解构“期权腐败”》，《前线》2005 年第 3 期，第 56 页；庄德水：《公共权力腐败的利益冲突根源》，《中共中央党校学报》2011 年第 4 期，第 26—29 页。

③ 参见阎德明、刘兆鑫：《论“期权腐败”及其治理》，人民出版社 2012 年版，第 19 页。

率和高安全性。

从现实案例来看，期权腐败极易同家族式腐败交叠交织在一起。作为期权腐败与家族式腐败的胶合体，家族式腐败的期权投资模式是指官员在任职期间与某些商人或下属等利益相关者订立“协约”，将手中掌握的公共权力作为一项资本进行投资、施惠于后者，并使受惠的商人或下属在未来某个时期对其配偶、子女及其他家族亲属进行利益回报的一种腐败行为。需要指出的是，这里所言及的“未来某个时期”既可能是官员在任职期间的某个时间段，也可能是其退（离）休或离职以后。由此可见，这种模式的家族式腐败是官员利用手中现有的公权力进行期货投资，进而换取未来家族利益的权钱交易行为。

一、基本关系模式的演绎

在现实生活中，由期权投资心理产生的期权腐败现象十分复杂，常常以发挥余热、荫及子女等各种形式和面貌出现。有专家和学者认为期权腐败有这样两种表现形式：其一，是有些官员大权在握时会积极地把一些人扶持到要害部门任职，他们之间当时不会发生“买官卖官”的权钱交易等行为，但是，被帮助者会在官员卸任之后再用自己手中的权力予以各种回报；其二，是行贿者的行贿对象锁定的是目前虽未掌握大权，但是有较好的发展前景并可能对自己今后有帮助的人。[①] 也有学者认为公共权力期权腐败主要有三种类型，即庇护型、投报型、依附型，其中庇护型的典型表现形式如国家公职人员引荐自己的亲属，特别是子女进入公司或企业工作，获取高薪或者担任高级职位。[②] 还有学者将期权腐败的形式归纳为封妻荫子式、发挥余热式、人身依附式、投桃报李式等四种。[③] 综合学者们的观点并结合现实案例，笔者认为就家族式腐败中期权投资模式的运作关系来看，较为典型的有以下两种：一是封妻荫子式，即腐败官员在任时凭借手中的职权，选择一些靠得住且懂得感恩的下属加以提拔和培养，再由他们在仕途上“关照”自己的亲属。二是利益回馈式，即腐败官员在任时凭借手中职权，先施加恩惠于商人或下属，再由他们对其亲属进行利益“回馈”和“反哺”，或由商人赠送金钱、股份等物质性财物给其亲属，或由下属“关照”亲属的投资经营活动等。由此，形成了腐败官员、商人和下属及腐败官员亲属之间的基本关系模式（见图 3—3）。

由此关系模式图可看出，相比较“权力荫庇”模式而言，腐败官员为亲属谋取利益的策略手法更加“迂回曲折”，往往不是腐败官员运作权力直接提携亲属或者荫

---

① 郝文清：《当代中国衍生性权力腐败研究》，安徽大学出版社 2011 年版，第 36 页。

② 参见庄德水；《公共权力腐败的利益冲突根源》，《中共中央党校学报》2011 年第 4 期，第 26—29 页。

③ 参见刘纪舟：《落马贪官的腐败心理——腐败心理学研究》，中共中央党校出版社 2013 年版，第 143 页。

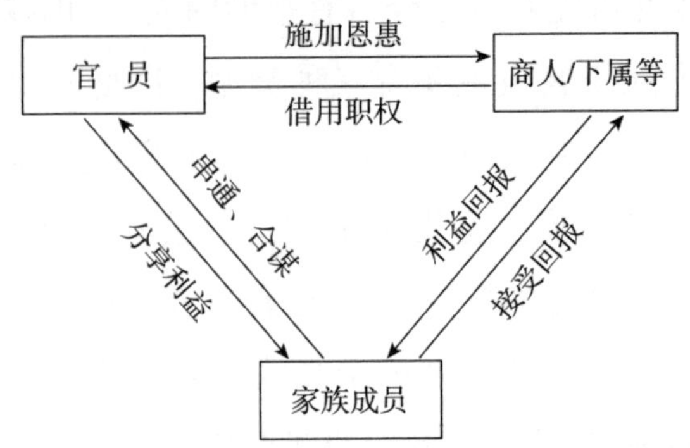

图 3—3 期权投资模式家族式腐败基本关系图

庇经商，而是腐败官员凭借手中掌握的权力先施惠于商人、下属，然后由受惠的商人、下属“知恩图报”于腐败官员的亲属，以达到让自己的家人、亲属间接获取利益之目的。

二、两种运作类别的呈现

以期权投资模式中腐败官员、商人和下属及腐败官员亲属之间的基本关系为依据，家族式腐败的期权投资模式存在着两种运作类别，即封妻荫子式、利益回馈式。这两种运作类别均是亲属坐享腐败官员“投桃报李”后利益“反哺”的形式，区别在于前者是坐享谋途取仕的政治利益，后者是坐享接受财物的经济利益。

（一）封妻荫子式

如前所述，封妻荫子式是指腐败官员在任职时凭借手中的职权，选择一些“靠谱”且“懂事”的下属加以提拔和培养，随后再由这些被提拔和培养的下属“知恩图报”，在仕途或事业上提携自己的亲属。2002年2月，由上海市人民检察院、中国检察出版社联合主办的《检察风云》杂志披露了广西壮族自治区原常务副主席刘某炳家族贪腐案的相关案情。现摘录部分案情内容如下：

从小学到中学成绩都平平的刘某，靠着父亲刘某炳(1990年11月—1995年12月先后担任广西柳州市市长、柳州市委书记——笔者注）进了一所中专学校。刘某想进的是机关，刘某炳也是希望儿子从政，但一所普通中专毕业生不能直接进入国家机关工作，但在中专学校任教的教师如果要调入国家机关就堂而皇之了。果然，刘某在学校待了几年后，1992年2月就被调进了多少人都想去而又去不了的柳州市工商局，并分配在当时的热门科室即外资科。刘某炳并不满足于儿子只是个“干事”，但表面上又要表现出自己是一心为公、艰苦朴素、体恤下情的清官，于是他要物色“合适”的工商局局长了。他需要局长直接地、具体地关照自己的儿子，把儿子培养成一个人才。经过深思熟虑，他选择了多年来重点培养、拉拢的“铁杆”部下黄某。决定之后，刘某炳多次在市委书记办公会和市委常委会上大夸黄某的“政绩”，将黄某调任工商局局长，并把黄某的妻子从柳州市某中学调入柳州市政府某局。黄某很“知恩图报”，1996年2月将刘某提拔为外资科副科长，半年后又破格提拔为外资科科长。

以上案例是基于腐败官员提拔和培养下属、下属对腐败官员亲属进行“投桃报李”式政治利益“反哺”(即提携腐败官员亲属仕途)的行为呈现。可以看到，为了自己的亲属特别是子女，一些官员会物色人选，选择一些靠得住且懂得感恩的下级，然后不讲“条件”地提拔和培养他们成为自己的亲信，只是暗示他们将来要好好“照顾”自己的家人。具体到刘某炳腐败案件中可见，身为地市级主要领导干部的刘某炳一心想要为儿子谋途取仕，但囿于直接提拔资质、才干均不具备的儿子会带来政治风险，于是便千方百计“物色”可靠和懂得知恩图报的亲信下属黄某，并利用职务上的便利先期对黄某加以提拔和培养，同时为了进一步拉拢黄某，刘某炳还施惠于黄某的妻子。刘某炳做这一切看似不要任何“条件”，实则是想要黄某将来直接、具体地“关照”自己的儿子，为其谋途取仕提供便利，而事实上黄某也很快“知恩图报”地提拔了刘某炳的儿子。在这起典型的封妻荫子式期权腐败案件中，刘某炳“物色”黄某，并对黄某及其妻子加以提拔和关照带有明显的期约性，而这个期约性集中和突出地体现在他与黄某所达成的那个“约定”上，即日后在仕途上“关照”自己的儿子。换言之，刘某炳提拔黄某、黄某再提拔刘某炳的儿子从表面上看是出于正常的“人事安排”考虑，实则是利益期约后的投桃报李。可以说，刘某炳这种类似于长线经营的做法，目的便是让自己的儿子间接受益。

（二）利益回馈式

如上所述，利益回馈式是指腐败官员在任时凭借手中的职权，先施加恩惠于商人或下属，再由他们对其亲属进行物质利益上的“回馈”和“反哺”，其“回馈”和“反哺”的方式多样，或由商人回馈财物给腐败官员的亲属，或由下属“关照”腐败官员亲属的各类投资经营活动等。

2007年9月23日，上海市劳动和社会保障局原党组书记、局长祝某一因受贿等罪名被法院判刑。据检方指控，祝某一涉嫌受贿金额约160万元，而大多数来自张某坤，其余则来自祝身边的其他人员。其中，约120万元是祝妻黄某在上海路桥发展股份有限公司任职三年期间总计获得的薪金。2009年3月26日，新华网刊登了祝某一的忏悔录。摘录部分内容如下：

“在与张某坤的交往中，表面上，我是为了使社保基金增值，但骨子里却是为了实现自己的私欲。在与张某坤的交易开始后，我一直期待张某坤能对自己实施一种表面上合法的回报。张某坤将我妻子安排在其控制的上海路桥发展公司任党总支书记、工会主席，沪杭高速公司任监事长。就是我与张某坤之间达成的在合法外衣下的一种权钱交易。平心而论，无论从哪个方面看，我妻子都无法拿到年薪几十万元的报酬，如果没有我向张某坤大量融资，张某坤也不可能对我妻子的工作岗位与报酬作出这种安排。就我退休后的后路安排问题，张某坤曾与我多次商量。首先他承诺，只要我妻子身体好就可以一直拿高薪。以后，作为公司的高管还可以解决一套高档别墅的福利待遇，公司还准备以特别重要的少量企业骨干的名义送予企业干股。至于对我的安排，张某坤承诺可以在退下来以后帮他一起工作，可以干我有兴趣的事情，享受丰厚的待遇报酬，老年生活根本不用去担心。这是使我死心塌地为张某坤搞巨额融资的一个真正动因。”

上述案例是基于腐败官员施惠于商人、商人对腐败官员及其亲属进行“投桃报李”式经济利益“反哺”(即回馈财物）的行为呈现。就祝某一贪腐案来说，祝某一贪腐的手法十分高明，知道如何规避法律的惩处：首先利用职权无条件地为商人张某坤在其掌管的社保基金中拆借资金牟取巨额利益，当时并不急于要求回报，而是事后把妻子安排到张某坤的上海路桥发展公司担任高管，接着“名正言顺”地领取高额薪酬。在这起典型的利益回馈式期权投资腐败案件中，祝某一“物色”商人张某坤，并对张某坤在政策、项目中加以关照带有明显的契约性，而这个期约性集中和突出地体现在他与张某坤所达成的那个“承诺”上，即对妻子的高薪回报及对自己日后退休的种种安排。可见，祝某一在权钱交易过程中同样是长线经营，目的是让自己及妻子间接获取权力背后的物质利益。祝某一利用社保基金为张某坤融资，张某坤安排祝妻在自己的公司任职领取高薪，表面看上去似乎都“合理合法”，实则是权力契约后的利益“反哺”。

三、运作过程、特点与机理

一般而言，由期权投资心理产生的期权腐败与其他类型腐败区别开来的一个最显著标志，就在于它的期约性，而这也是其最本质的特征。阎德民、刘兆鑫认为，就一起期权腐败案件的形成过程而言，大体上需要经历这样三个阶段：行求、期约、交付。他们分析指出：“所谓‘行求’，就是指请托人主动向职务犯罪嫌疑人提出交付贿赂标的物的意思表示。这种意思表示，既可以是明示的，也可以是暗示的；既可以是请托人直接向职务犯罪嫌疑人提出，也可以是行为人通过第三人间接地向职务犯罪嫌疑人提出。所谓‘期约’，就是指请托人与职务犯罪嫌疑人双方就职务犯罪嫌疑人的职务行为达成的请托人与贿赂标的物，职务犯罪嫌疑人利用职务上的便利为请托人谋取利益的约定。这种约定是职务犯罪嫌疑人主动提出的，还是由请托人或受贿者主动提出，对于贿赂犯罪的构成并无影响。所谓‘交付’，就是指请托人将贿赂标的物的控制权实际让渡给职务犯罪嫌疑人。贿赂标的物控制权的让渡，既可以是请托人本人向职务犯罪嫌疑人直接让渡，也可以是请托人通过第三人间接地实施让渡；既可以是直接让渡给职务犯罪嫌疑人，也可以是让渡给予犯罪嫌疑人有近亲属、情妇（夫）以及其他共同利益关系的特定关系人。”[①]

而作为期权腐败与家族式腐败的结合，期权投资模式家族式腐败的运作过程同样具备类似于行求、期约、交付这样三个阶段，即利益协定、利益提供、利益兑现。在利益协定阶段，官员开始被请托人（商人或下属）提供的利益承诺所“俘获”，并与后者心照不宣地达成某种“利益共识”，如秘密协定权钱交易的条件、方式、额度等，随时准备对公权力进行各种形式的非公共运用；在利益提供阶段，官员利用职务上的便利为请托人提供各方面的优势和便利条件，如经营审批、税收优惠、政策偏袒等，以此施加恩惠于请托者，从而导致公权力发生异化；在利益兑现阶段，受惠的请托人开始兑现当初的承诺，采取各种方式对官员、官员的配偶、子女或其他家族亲属施加“照顾”，如高薪聘请官员亲属到企业任职、“挂名取酬”、拿干股、帮助官员子女提职晋升等，以此进行利益“回馈”和“反哺”（见图3—4）。

需要指出的是，在期权投资模式家族式腐败的运作过程中，“利益协定”是其中最具标志性意义的一个阶段。任何一个期权投资型腐败案件的形成，都必然会经

---

① 阎德民、刘兆鑫：《论“期权腐败”及其治理》，人民出版社2012年版，第23—24页。

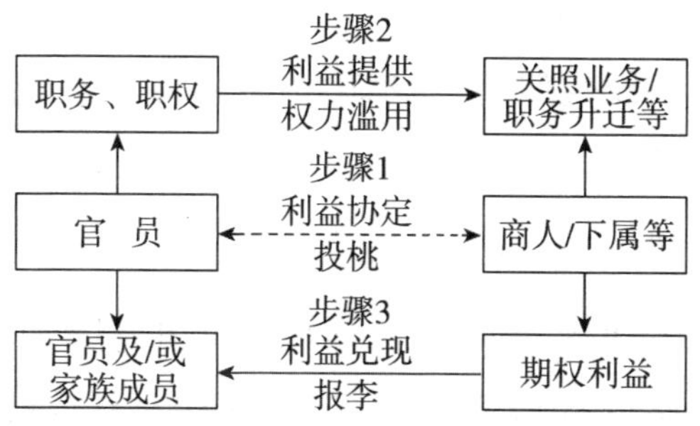

图 3—4 期权投资模式家族式腐败网络结构图①

历“利益提供”和“利益兑现”这样两个环节或阶段，但是其中的许多案件则未必会经历明显的“利益协定”这一环节或阶段。身为领导干部的刘某炳在重用和培养黄某之前，可能并未就日后提携自己儿子的有关事项与黄某进行详尽的“利益协定”，但应肯定的是，刘某炳在有意重用和培养黄某之际，亦有为今后谋取某种回报埋下利益的“暗桩”。

自古以来，腐败官员对权力的开发与利用不外乎两种努力的方向：一是从时间维度上进行寻租与扩张；二是从空间维度上进行寻租和扩张。根据上述分析，期权投资模式的家族式腐败是腐败官员权力投资后，期待给其家族成员带来远期利益回报的一种权钱利益交换行为。对于权钱交易，腐败官员并不急于兑现，而是将手中掌

① 绘制此图过程中参考了研究者丁远明制作的图，本文此处引用时有所修改。详参丁远明：《中国家族式腐败的利益冲突根源研究》，中共中央党校硕士学位论文，2016 年。

握的权力逐渐向时间寻租和扩张，在时隔多日甚至多年以后，才以各种貌似合法的荫及其亲属的方式予以兑现。这种远期“兑现”的腐败故意拉长了利益交换的时空联系，故意割裂了利益交换的因果关系。企图掩人耳目、瞒天过海，达到规避风险、逃避打击的目的。此种腐败模式是当前家族式腐败这一复杂现象的具体体现，因其具有较大的时间跨度、较强的纠合性和隐蔽性，在查处方面难度较大。

第四章 家族式腐败的发生逻辑

本章内容将围绕家族式腐败的发生逻辑这一中心议题展开研究，所要研究的核心问题就是：家族式腐败现象是如何生成的？它的构成条件或因素有哪些？这些条件或因素相互之间的作用关系又是怎样的？并在此基础上对家族式腐败现象发生的具体缘由进行分析和探讨。

第一节　关于腐败原因的经典解释

探究腐败的病源与症结是对其进行精准打击、进而有效预防的前提和基础。从既有研究来看，国内外众多专家和学者从不同的学科视角出发，对腐败现象产生的根源进行了理论阐释，诸如寻租理论、委托—代理理论、成本—收益理论、不合理政府规则理论、官僚组织机构缺陷理论、道德堕落论等。

寻租理论将当前我国腐败现象列举为：（1）利用行

政权力干预市场活动，在市场化改革还没有到位的情况下，行政权力分配资源的体系和市场分配资源的体系相互混杂，利网各种漏洞。（2）利用转轨时期财产关系的调整和变化，利用手中的权力蚕食或鲸吞公共财产。（3）利用市场体制的不完善、不规范，用各种违法违规手段牟取暴利。①

委托—代理理论解释为，官员是执行民意、并由民众委托其执行民众拥有的公共权力的人，即在民众与官员之间有一种隐含的契约，在这种契约下，所有民众将自己的权力委托给官员执行、实现民众的利益，与此同时，民众也赋予官员一定的报酬，在这一契约下完成民众与官员之间的公共权力委托—代理运行关系。② 腐败系公共权力的委托—代理失灵所致，即官员违背与民众之间的契约，用不正当的手段谋取自身利益最大化，而对民众的利益造成损害。

成本—收益理论认为，官员选择是否腐败，主要考虑期望收益与成本的大小，当期望收益大于成本时，官员会选择腐败。

道德堕落论则认为，腐败主要是个人道德缺陷和价值观念冲突的结果。有的学者提出腐败的产生源于官员对家族、朋友的忠诚超越了对国家和政府的忠诚，是家

---

① 参见郭建民、毛家强：《寻租理论与反腐败分析》，《西北工业大学学报》（社会科学版）2003 年第 4 期，第 1—4 页。

② 仲伟周：《公共权力委托代理运行的扭曲与管制》，《当代经济科学》1999 年第 2 期，第 17—20 页、第 36 页。

族主义价值观作用的结果。[①] 有的研究者认为，在社会转型时期，新的现代伦理和社会核心价值体系尚未完全建立，腐败仍然是公共权力拥有者难以抵制的诱惑。

不合理政府规则理论基于对政府规制与腐败的因果关系的深入分析，一些韩国学者认为，只要存在法律制度的不合理和不透明，政策制定和执行的不合理、武断和不公平，腐败现象就不会消失。[②]

官僚组织机构缺陷理论从马克斯·韦伯的官僚制理论出发，将官僚机构的无能视为腐败问题的基本原因。

除以上方面外，有关腐败成因的解释理论还有经济人理性选择理论、现代化副产品论、文化决定论、私有制产物论等，这些理论都对腐败的成因进行了解释和分析。

上述这些腐败发生学及其研究成果在一定范围和特定条件下均对腐败产生的根源有其合理的成分。但也毋庸讳言，这些理论解释都不同程度地存在局限性甚至明显的缺陷，其中之一便是将腐败的根源归结为单种原因。需要特别指出的是，任何腐败现象的产生都是一种复合机制作用下的结果。如学者任建明所言："考察真实世界中的腐败行为，即使只是一个腐败个案，其原因往往也是多重的、复杂的。如果考察一个社会的腐败，其原因

① 马海军：《国外主流腐败成因理论述评》，《社科纵横》2008 年第 6 期，第 41—42 页。

② 〔韩〕崔炳善、司空泳浒：《政府规则与腐败》，李秀峰摘译，《国家行政学院报》2002 年第 5 期，第 77—83 页。

就更加复杂而多样。”[①] 林喆也表达了类似看法：“腐败现象产生的原因是多方面的，在每一种腐败现象发生的背后，我们都能看到各种因素或力量的存在，腐败是主体、客体、环境和制度诸种因素合力作用的结果。”[②] 本书赞同这样的观点：一切腐败行为的发生都是在多重因素合力作用下的结果。由此，以下择其要端引入和详介几种多原因说的代表性理论及其解释框架。了解这些视角各异的多原因说的理论分析和解释模式（虽然同样各有其局限甚至不乏片面之处），对于我们认识和分析家族式腐败的发生逻辑不无裨益。

一、基于权力的多重因素理论[③]

一些研究者将腐败直接定义为权钱交易，认为腐败是一种用公共权力谋取私人利益的行为。从这一定义出发，腐败包含各种与公共权力有关的交易活动，它的出现就需要特定的条件：（1）公共权力掌握了大量资源。即只有当公共权力掌握相当资源时，权力才有可能被拿来做交易。（2）权力制衡机制很低。即便公共权力包含着很多资源，但如果行使公共权力的过程时时有人监督，

---

① Ren Jianming & Others：“China’s Recent Battle Against Corruption”，BeiJing：Foreign Languages Press，2015，pp. 40.

② 林喆：《权力腐败与权力制约》，山东人民出版社 2012 年版，第 192 页。

③ 需要说明的是，这种以权力为出发点来研究和分析腐败的理论虽然强调权力是腐败产生的主要原因，但由于它同时看到了权力要素中的多元因素，因而本书在此处也将其归结为腐败多原因理论中的一种。

权力行使过程是完全安全透明的，那腐败的可能性就小了很多。[①] 基于此，国内政治学研究者包刚升在其著作《政治学通识》一书中提出了一种关于腐败产生的理论公示：C=F（Pr，C & B）。

C表示腐败 corruption，Pr表示权力控制的资源（power-resource），C & B表示分权制衡（checks and balances），F表示函数关系。该函数公示代表的理论假说是：腐败程度取决于权力控制的资源多少和分权制衡程度。更具体地说，权力控制的资源越多，分权制衡程度越低，则越腐败；权力控制的资源越少，分权制衡程度越高，则越不腐败（内在关系见表4—1）。

表4—1　权力资源、分权制衡与腐败

		权力控制的资源	
		多	少
分权制衡	低	高度腐败	中度腐败
	高	中度腐败	低度腐败

表格来源：包刚升：《政治学通识》（北京大学出版社2015年版，第347页）。

与上述理论解释模型较为相似，发展中国家腐败问题研究专家、美国兰德公司研究院院长罗伯特·克利特加德（Robert Klitgaard）也曾提出了一个著名的用于解释腐败根源的典型方程式：

C（腐败）=M（垄断）-A（问责度）+D（自由裁

① 参见包刚升：《政治学通识》，北京大学出版社2015年版，第346页。

量权)①

联合国开发计划署根据上述定义及相关资料给出了一个类似的腐败发生学公式：

腐败=（专权+自由裁量权）-（问责制+廉政性+透明度)②

在上述方程式中，罗伯特·克利特加德和联合国计划开发署提出了与腐败的产生有关的三个因素：权力垄断、问责度、自由裁量权。这种基于权力的多重因素产生腐败的理论，其重要价值不仅在于看到了腐败生成的多重性和复杂性，而且捕捉到了腐败形成和发展过程中最为核心的要件，即公共权力这一物质条件（或曰基础和条件)，而这通常也是人们分析和研究腐败现象尤其是权力腐败问题的出发点和落脚点。诚如林喆所言："当我们从权力的特点、运行方式、内在机制及其生存环境等方面去寻找腐败的根源时，不难发现腐败现象产生的根源于权力本身所特有的异化机制，以及权力大厦的组成方式。"③

二、腐败发生的二元因素理论

有专家学者从权力与人性两方面对腐败进行追根溯

---

① 此公式也可表述为：腐败=垄断权力+任意决定权+责任心差。参见〔美〕罗伯特·克利特加德：《控制腐败》，杨光斌等译，中央编译出版社1998年版，第84页。

② 联合国反腐败纪要，2004年3月，第7页。

③ 林喆：《权力腐败与权力制约》，山东人民出版社2012年版，第209页。

源，他们认为公共权力的“劣根性”预设了腐败的可能性，公职人员的贪婪逐利则成就了腐败行为，此二者成为腐败的必要条件。例如，任建明提出了一个简单的腐败双原因模型，直接将腐败的产生原因归结为两类，即：腐败动机、腐败机会。就是：

腐败行为=腐败动机+腐败机会

这个模型认为，腐败行为是腐败动机与腐败机会共同作用的结果。腐败动机原因假设与人性腐败说的基本主张一致，认为人性具有道德上的自私、自利特点或者经济学所特有的经济人、理性人特点。由此，腐败动机是腐败的深层原因。而所谓腐败机会，则是制度方面的原因或者说是腐败的客观原因，它重点回答一个人为什么能腐败的问题。权力得不到有效监督、权力缺乏透明公正，制度、体制、机制上存在漏洞，制度缺乏正向的激励等，都会导致腐败机会的产生。[①] 可见，只有在腐败动机和腐败机会同时具备的情况下，即腐败行为发生的条件达到必要且充分的状态，腐败行为就会发生。

同样是基于对腐败根源的二元因素认识，学者邓杰、胡廷松从腐败定义的角度揭示了形成腐败的双重原因。他们在综合了国内外学者观点的基础上将腐败定义为：公职人员出于私人目的而滥用公共权力的行为。由此定义出发，他们认为应从公共权力和公职人员两方面认识

---

① Ren Jianming & Others：“China’s Recent Battle Against Corruption”，BeiJing：Foreign Languages Press，2015，pp. 43–44.

腐败的成因，并分析指出：“对个体的公共权力职位而言，权力规则的缺失、权力结构失衡导致权力制约的缺失客观上为权力的滥用提供了机会。当然，这只是权力走向腐败的假说，权力实际走向腐败离不开执掌公权力的公职人员的贪婪行动，公职人员经过自己的成本收益估算之后会放弃或实施以权谋私的行为。公职人员的谋利动机和能动性行为是腐败产生的主观原因。由此得出的结论是：权力变异和人性贪婪的结合共同演绎了权力腐败的发生逻辑。”① 因而，在他们看来，腐败成因如图4—1所示：

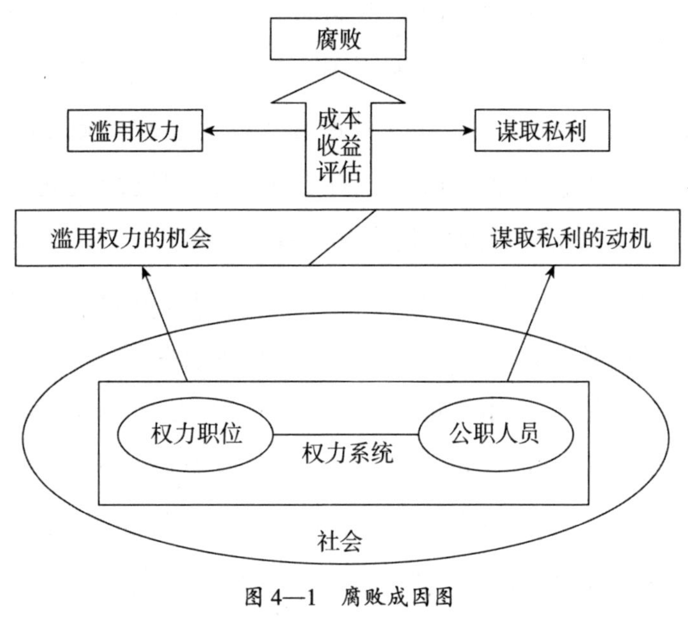

图 4—1　腐败成因图

① 邓杰、胡廷松：《反腐败的逻辑与制度》，北京大学出版社 2015 年版，第 29 页。

通过此成因图可以清晰地发现，腐败行为的产生需要同时具备这样两个条件：公共权力与公职人员。具体来说，公共权力提供公职人员滥用权力的机会；公职人员的贪婪心理产生利用公共权力谋取私利的动机。因而也可看出，这种理论解释同前面提及的腐败双原因模型在本质意义上是一致的，即均是从腐败动机、腐败机会两个因素来认识和探究腐败的根源。

三、腐败发生的三元因素理论

如前所述，腐败是一种错综复杂的社会现象，腐败行为的发生有其特定的构成因素。沿袭任何腐败行为都是围绕着公共权力或公共资源而发生的这条逻辑主线，学者们对腐败行为发生的条件进行了新的审视和补充，并提出了腐败产生的三元因素理论。清华大学程文浩以预防腐败为理论基础，提出了公共权力（资源）、腐败动机、腐败机会“三位一体”的腐败成因解释模式。他认为腐败行为的产生需要依赖三个必要条件，分别是公共权力（资源）、腐败动机、腐败机会，也表示为：

腐败行为=公共权力（资源）+腐败动机+腐败机会

公共权力（资源）主要是指各级公职人员掌握的公共权力及公共资源。公共权力既包括决策权，也包括各级公共部门管理者掌握的日常管理权力（如财务管理、资产管理）；公共资源既包括有形资源（如土地、公共工程），也包括大量的无形资源（如行政审批项目），其总体特点是资源稀缺、供需矛盾尖锐。所谓腐败动机，是指掌握公共权力（资源）的公职人员以权谋私的主观愿望。而所谓腐败机会，是指能够帮助公职人员在当时不被发现的情况下完成腐败行为的机会和条件。在腐败动机产生之后，腐败行为的前两个必要条件均已满足，公职人员就进入了以权谋私的实际准备阶段。这个时候，腐败动机能否最终转化成为实际的腐败行为，主要取决于腐败机会的多寡。其中，公共权力（资源）是公职人员能够以权谋私的基本前提，是构成腐败行为的物质条件；腐败动机是构成腐败行为的心理条件；腐败机会是构成腐败行为的机会条件。只有当公共权力（资源）、腐败动机、腐败机会这三大条件同时具备时，腐败行为才能够得以实施（其因果关系如图4—2所示）。

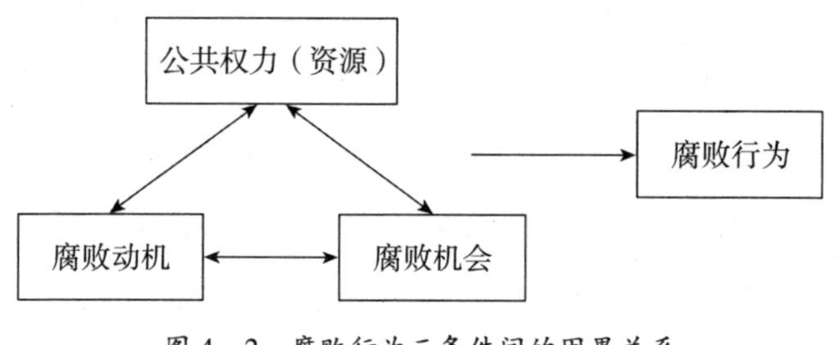

图4—2　腐败行为三条件间的因果关系

同时需要说明的是，腐败行为的这三个必要条件并非孤立存在，也不是单向的因果关系，而是彼此之间存在密切的互动关系（其互动关系如图4—3所示）。

具体来说，就是公共权力（资源）能够促进腐败动机和腐败机会的产生。如果个人权力过于集中，同时内

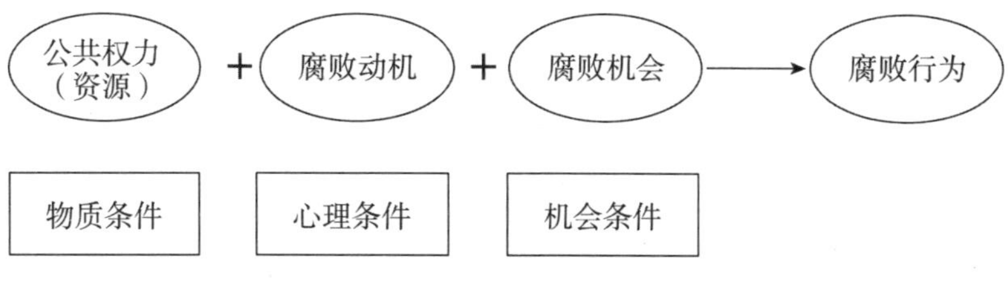

图 4—3　腐败行为三个条件之间的互动关系

外部监督不足，不仅会在客观上导致各种腐败机会的出现，而且也便于当事人利用这些机会以权谋私。腐败动机对于其他两个条件同样具有明显的促进作用。物欲强烈之人往往千方百计地扩大自己的权力和资源，以增加自身的腐败资本。腐败动机不仅能驱使当事人主动扩权，而且还能促使其主动寻找甚至人为制造腐败机会。制度的相对静态特征与人的思维和行为的相对动态特征之间的根本性矛盾，使得腐败机会必然存在，只不过在不同的管理体系中，机会的多寡和程度的高低会有所差异。腐败动机强烈之人往往能够在看似完善的制度中发现潜在的缝隙和漏洞，而且还能够把微小的腐败机会不断放大，将有限的腐败机会利用到极致。腐败机会同样对权力资源和腐败动机有明显的促进作用。腐败机会直接影响公职人员腐败动机的强弱。当腐败机会相对充足时，腐败行为的预期效益和成功率便会骤然提高，从而进一步增强当事人的腐败动机，使其不仅敢于铤而走险，而且还会设法进一步增加自己的权力和资源，以实现个人腐败收益最大化。由此可见，腐败行为的三个必要条件之间互为因果、相辅相成，任何一个条件具备，都会促使其他两个条件的滋生。它们如同紧密啮合的三个齿轮，任何一个齿轮旋转，都会带动其他两个齿轮转动，从而导致整个腐败之轮启动并不断加速。①

除此之外，根据成本—收益理论的分析框架，公职人员选择腐败与否主要考虑期望收益与成本的大小，当期望收益大于成本时，他们会选择腐败。换言之，导致公职人员腐败行为的发生与腐败成本这个因素有关。据此，腐败成本这一因素纳入了一些专家学者观察与研究腐败根源的视野。譬如，中国社会科学院政治学研究所房宁研究员在探究我国腐败高发的主要原因时，提出了腐败动力、腐败机会、腐败成本的“三元”腐败成因解释模式。他认为现阶段我国腐败高发的主要原因牵涉三个因素：动力、机会和成本，也可表述为：

腐败行为=腐败动力+腐败机会+腐败成本

腐败动力即公务员腐败的需求。工业化城市化快速发展阶段，公务员比照其他社会群体，产生了强烈的心理落差，形成了腐败的强大动力。腐败机会，即腐败行为发生的机会。工业化城市化快速发展阶段，管理体制、法律制度相对滞后，造成了大量的管理与监督漏洞，为腐败行为提供了大量客观条件与机会。腐败成本是腐败

---

① 参见程文浩：《我国腐败预防工作的战略选择》，《国情报告》（第三卷 2000 年 · 下册），第 180—204 页；程文浩：《改革期间腐败机会的产生根源研究》，《公共管理评论》2004 年第 2 期，第 87—97 页；程文浩：《预防腐败》，清华大学出版社 2011 年版，第 4—6 页。

行为可能付出的代价，与监管和打击腐败的力度成正比。

由此观之，与上述权力资源、腐败动机、腐败机会“三位一体”的腐败成因解释模式相比照，都认为腐败的产生必须具备腐败动机、腐败机会这两个因素或者说必要条件，所不同的是前者认为权力资源因素是腐败产生的基础条件，后者认为腐败成本因素是导致腐败行为高发的直接驱动力。但不管怎样说，二者关于腐败根源的解释模式均是从“三元因素”视角进行的分析和研究，且无根本性的差别，只不过强调的侧重点有所不同，因此本书在这里不再作进一步阐释。

第二节　家族式腐败的发生条件及作用机理

对任何一种形态的腐败成因进行解释，从来都不是一件容易的事。这主要是因为研究者往往难以通过一两个因素便能穷尽所有腐败者从事腐败的原因，因为即便是同一类型的腐败行为，个案与个案之间也存在着较大的差异。而这恰恰也是人类社会中腐败现象的复杂性与多样性所在。即便如此，研究者也可以从一种腐败现象的形成与演化过程中，探寻一些有共通性的、规律性的东西。

一、家族式腐败成因的解释路径

几种腐败原因说从不同方面对腐败产生的根源进行

了解释分析，一些带有共通性和规律性的结论是可以明确的：（1）腐败在内容和形式上具有多样性和复杂性，人们很难指望通过一两个因素解释腐败的形成和演化；(2）任何腐败行为的产生都不是凭空的，而是必须具备特定的发生条件；（3）立足于权力资源要素，从腐败动机、腐败机会、腐败成本及其相互作用机理等方面去探寻腐败的形成和演化规律，成为人们分析和解释腐败发生逻辑不可或缺的重要视角。就家族式腐败而言，尽管研究者们对其产生的根源提出了利益冲突论、文化传统论、思想根源论、制度缺陷论、家风决定论等解释路径，且具有一定的解释力，但同样需要指出的是，家族式腐败是我国社会生活中一种极为复杂多样的腐败形态（或腐败变种)，单纯运用经济、政治、文化、制度等因素来解释其发生逻辑，都无法说明家族式腐败在我国腐败现象中的多样性和复杂性。

程文浩曾言："我们都有这样的常识，即要预防某种疾病，首先必须了解这种疾病的发病机理和传播途径，然后才能通过消除疾病发作和传播所依赖的某些必要条件，来实现防患于未然。"① 对于家族式腐败这种腐败病症同样如此，要想防患此类腐败病症的发生和扩散，就必须首先搞清楚其发作和传播的路径和规律。那么，家族式腐败这种病症发作和传播所依赖的必要条件及其作

① 程文浩：《我国腐败预防工作的战略选择》，《国情报告》（第三卷 2000 年・下册），第 180—204 页。

用机理究竟是什么呢？笔者认为家族式腐败的发生是在多重构成因素共同作用下的结果，它的产生不是偶然的，而是需要具备特定的物质、心理、制度、惩戒、关系等必要条件，并且每个构成条件之间不是孤立存在的，而是彼此之间形成了特定的内在逻辑关联，相互作用、相互影响，共同决定着家族式腐败行为的形成和演化。

二、家族式腐败的发生条件及机理

与其他腐败行为一样，家族式腐败行为不可能凭空发生，而是必须借助多种条件和载体。国家公职人员是家族式腐败行为的元主体，公职人员的家族亲属是家族式腐败行为的寄生性主体，当前反腐败斗争形势依然严峻复杂，家族式腐败行为的发生除了需要同时具备物质条件、心理条件、制度条件和惩戒条件之外，还应具备基于人际关系基础构建起来的亲缘条件。家族式腐败就是在这些条件的相互影响、共同作用下形成和发展的。

（一）物质条件

一般而言，物质条件主要意指公共权力及其派生的对公共资源的控制和分配权。

在现阶段的家族式腐败中，腐败官员想要为家族成员谋取各种利益，满足本人及其家族成员的现实需要，就必须利用手中掌握的公共权力资源通过利益摄取和输送惠及整个家族。与此同时，公职人员的家族亲属自身虽不直接握有公共权力资源，但由于同公职人员之间事实上形成的特殊血缘、姻亲关系，因而在无形中也具有了权力资源的影响力及辐射力，他们正是凭借这种“特殊权力”获取各种非法利益。由此，公共权力资源构成家族式腐败行为的物质条件，而一切与腐败相关的活动都是围绕公共权力发生的。

（二）心理条件

心理条件主要是指腐败的动机或曰贪婪性欲望。古语有云：天下之大福，莫大于无欲；天下之大祸，莫大于不知足。心理学的研究表明，“如果一个人的欲望可以获得较多的对象物，而且这种获得没有遇到较大障碍，那么这种欲望就会不停地膨胀。如果这个人内心缺乏自律力量，那么这种欲望很快就会发展到触犯法律、违背道德的程度”[①]，必将把掌权者引向腐化堕落的深渊。

由此可见，欲望膨胀而不知足，是产生腐败心理的根本依据。不同的权力主体由于产生种种不健康心理，从而走向腐败。因而，他们在走向腐败的渐进过程中往往有着不同的思想心路历程。从现实案例来看，家族式腐败发生的个体和群体心理条件主要有光宗耀祖心理、造福子孙心理、子女代偿心理、报答家人心理等。为家族“殚精竭虑”成为许多官员踏上家族式腐败歧途的内在动因。现实中，不少官员在家族中一枝独秀，把自己当成了荫庇家族亲属的“大树”，“自觉”担下带动家族

① 刘纪舟：《落马贪官的腐败心理》，中共中央党校出版社 2013 年版，第 103 页。

发展的重担，甚至不惜违法乱纪也要助家族亲属“过得体面”，总觉得自己当官本事大，认为可与家族成员分享权力和利益，以显示有权的“实惠”和“荣耀”，因而不仅自己贪腐且利用家人、亲戚编织腐败关系网，扩大腐败队伍，加上“朝里有人好做官”“大树底下好纳凉”的思维习惯根深蒂固，家族亲属也会乐此不疲甚至极为渴望分享由官员手中的权力带来的诸多好处。此外，心理因素还包括侥幸心理等。

（三）制度条件

制度条件主要是指腐败发生的机会。从现实来看，公职人员手中固然或多或少地都掌握着一定的公共权力资源，但是他们在运用公共权力、分配资源的同时，要受到法律法规及各种规章制度的约束，而不能随心所欲地使用手中掌握的公共权力资源。但是，这些法规制度能否有效发挥约束作用，在很大程度上取决于制度设计是否完善、制度执行是否严格到位。然而不得不指出的是，在现实生活中，制度总是会多多少少地存在着缺陷和漏洞，这便为家族亲属之间利益输送等家族式腐败行为的发生提供了可乘之机。

（四）惩戒条件

惩戒条件指称的是腐败发生的成本。对于各级各类公职人员来说，腐败的成本主要来源于腐败行为被发现的概率和被发现后受惩罚的程度。如果从事腐败行为被发现的概率高、受惩罚的程度重的话，那么就会对即将从事腐败的行为主体产生威慑作用；反之，倘若被发现的概率低、处罚不严厉则会助长行为主体的腐败动机。美国学者罗伯特·克利特加德在其所著《控制腐败》一书中，提出了另外一个著名公式：腐败行为=腐败所得-道德损失-(被发现和制裁概率×所受处罚)>薪金+廉洁自律的道德满足感。[①] 此公式如果从物质和精神两个层面进行拆分，便可以得到如下两个公式：

物质层面：腐败行为=腐败所得-(被发现和制裁概率×所受处罚)>薪金

精神层面：腐败行为=道德损失<廉洁自律的道德满足感[②]

理性地看，腐败行为的形成和发展是一个博弈过程。[③] 如前所述，腐败者在选择坚持廉洁或是实施腐败时，既要考虑腐败收益，也要考虑腐败成本，腐败被查处的概率及腐败行为给腐败者带来的收益是最终决定廉洁抑或腐败的决策因素。诚如学者所洞见的，“一个人对是否进行某项非法活动的考虑，很大程度上是对犯罪带来的预期价值和保持廉洁带来的预期价值之间的比较：冒险犯罪的预期价值就是罪行得逞所带来的利益减去一旦罪行暴露所受到的惩罚，后者是由被绳之以法的概率

---

① 参见〔美〕罗伯特·克利特加德：《控制腐败》，杨光斌等译，中央编译出版社1998年版，第78—80页。

② 张明：《“三不”机制与腐败机理》，《民心》2015年第3期，第48页。

③ 参见傅江景：《集体腐败的博弈分析》，《经济研究》2000年第12期，第36—42页。

和惩罚的严重性共同决定的”①。当腐败行为所带来的利益远大于被查处的风险时，腐败动机才会被不断激发，反之则会抑制腐败动机。随着我国经济的广泛多层化发展，经济活动越来越频繁、经济关系越来越复杂，家族式腐败的伪装也越来越多，贪污受贿、权钱交易和利益输送的花样令人眼花缭乱。在现实生活中，有的腐败官员利用职务便利，通过泄露内幕信息使亲属在股市中获取巨额利益；有的授意家人、亲戚成立皮包公司，名义上合作经营，实则暗地进行利益输送甚至“洗白”赃款；有的利用职务上的便利，为亲属以明显低于市场价购买房屋；有的安排亲属在请托公司挂虚职而领取高额薪酬；有的利用职权要求行贿人“赠送”干股给配偶子女等。这些都使得发现家族式腐败行为变得更加困难。治理家族式腐败，必须持续加大查处力度，保持惩戒的长期高压态势。

（五）关系条件

关系条件主要是指腐败发生所依赖的人际关系基础。“事物的存在总是依赖于其所处的环境与条件之中。作为一种行为和活动，腐败也是建立在一定的人际关系之上的，人际关系作为腐败的一个条件，它起着至关重要的

① ［美］魏德安：《双重悖论：腐败如何影响中国的经济增长》，蒋宗强译，中信出版社 2014 年版，第 191 页。

作用。”①

“人是社会性动物，行为除了受到个体动机的影响外，还会受到社会动机的影响，不道德的行为也一样。”②西方学者提出的犯罪心理结构理论为研究亲缘关系等社会条件在腐败行为生成中的作用机理提供了一种理论解说。德国心理学家勒温（K · Lewin）曾提出人的行为公式是：B=f（P · E）。其中，B 表示人的行为，f 是函数，P 代表个体的各种特征，而 E 指的是环境。有人根据该公式提出，犯罪行为受犯罪人个性心理和客观环境所制约，并随着犯罪人和环境这两个因素的变化而变化。据此，美国精神病学家、精神分析家阿伯拉哈姆逊（Abra-hamsen）提出了一个著名的“犯罪行为公式”。按照阿伯拉哈姆逊的观点，犯罪行为的构成因素可用函数公式表述为：

C（犯罪行为）=［T（个人的犯罪倾向）+S（外界诱因的诱惑状态）］/R（个体对外部诱惑的心理抗性力）（即 C=T+S/R）③

这一公式可以向人们清晰地揭示出：在外界环境条件 S 不变的情况下，当 R>T 时，犯罪行为 C 不存在；反

① 余绪鹏：《腐败的外部条件研究——关系及其根源》，《淮北职业技术学院学报》2006 年第 2 期，第 33—35 页。

② 广东省纪检监察学会：《新时期广东腐败问题研究——多学科视角的分析》，中山大学出版社 2016 年版，第 169 页。

③ 参见于光远：《试论犯罪心理结构》，《甘肃政法学院学报》1997 年第 4 期，第 59—62 页。

之，当 $R<T$ 时，存在犯罪行为 C。此公式意在说明，所有的个体均存在一定的犯罪倾向，犯罪行为的实施与否并不完全取决于个体自身的素质，还需要存在一个适宜实施犯罪的外在客观环境。事实上，经过多年的调查和研究，阿伯拉哈姆逊认为家庭关系紧张是犯罪行为的基本原因，即“家庭关系紧张论”。同样地，对于不道德的腐败行为来说，其实施与否除了腐败主体的主观决定之外，同时也受到外部环境尤其是家庭环境的影响，如配偶、子女及其配偶等近亲属的鼓动、教唆或怂恿等消极因素都极有可能成为诱发行为主体产生家族式腐败动机的可能，成为驱动行动者实施家族式腐败行为的动因。

可见，基于亲缘关系的家族亲属对于掌权者而言，在一定条件下也是能够激活腐败动机的消极因素。美国著名犯罪学家埃德温·萨瑟兰（Edwin Hardin Sutherland）在其“差异交往理论”中提出，学会犯罪行为或越轨行为与学会其他行为并没有差别，关键在于与谁交往，交往时间的长短和频率的高低，对交往对象的重视程度等。按照萨瑟兰的观点，人们常常会从身边品德不好的近亲身上潜移默化地沾染促成反社会的意识或伦理规范，而最终决定人犯法的是促成其违法的意识超出了促成其抑制违法的意识。

家族式腐败中，以血缘、姻缘为基础的亲缘关系起到了重要的作用。如同康灿雄所指出的，“无论是在韩国还是菲律宾，私人关系和家庭纽带都在政治经济生活中居于核心地位。精英之间通过联姻等方式培育私人关系在两国都十分普遍"[①]，而这无疑与两国的家族裙带腐败现象迭出密切相关。另有一份针对中国大陆、日本、韩国、中国台湾东亚四个国家和地区家庭凝聚力现状的调查结果显示："现代化的进程并没有导致家庭功能的衰落，代际之间在日常照料、经济支持、情感慰藉等方面依然存在密切的互动"[②]。这一研究进一步表明，家庭仍然是人们赖以密切互动的纽带。

在现实中，"拥有权力的个人常常因某一个体与自己有着某种'特殊关系'而采取滥用职权等特殊主义行为方式，从而导致腐败行为的发生。"[③] 在中国社会情境下，"由于亲缘关系是与自己关系最亲密的'自己人'，个人在与其交往时自然不能使用与'外人''他人'之间交往时的普遍主义原则，取而代之的则是特殊主义的法则"[④]。在当前大量家族型共同腐败犯罪案例中，许多权力主体正是基于亲缘关系考虑，才导致或主动或被动地选择主导或参与腐败行为。因此，是否具有亲缘关系是导致行动者采取特殊主义行为方式进而产生家族式腐败行为的

① 〔美〕康灿雄：《裙带资本主义：韩国和菲律宾的腐败与发展》，李巍译，上海人民出版社 2017 年版，第 140 页。

② 杨菊华、李路路：《代际互动与家庭凝聚力——东亚国家和地区比较研究》，《社会学研究》2009 年第 3 期，第 26—53 页

③ 岳磊：《中国腐败行为的运作逻辑及其关系模式——基于"关系"视野的考察》，人民出版社 2016 年版，第 64 页。

④ 岳磊：《中国腐败行为的运作逻辑及其关系模式——基于"关系"视野的考察》，人民出版社 2016 年版，第 66 页。

关键要素。申而论之，没有公共权力在转化过程中寻求社会交往的共同联结纽带和认同对象——亲缘关系，并以此为依据发展出来的“家族主义法则”，便不能形成家族式腐败。

第二节　家族式腐败的文化和传统因素考察

家族式腐败既具有其他腐败现象的共性原因，又具有自身特殊的因素，血亲的固有纽带、家庭和家族的天然联系、文化的自然延续以及传统的强大惯性等，都在其中发挥着作用。现试就这些方面对家族式腐败的缘由作一考察。

一、建筑于血亲基础之上的传统观念

客观地看，建立在血亲基础上的家庭、家族观念是整个社会伦理的核心，广泛而深刻地影响着人们的生产生活方式。家族式腐败也一样，它不是哪个国家或哪个民族的特产，而是古今中外概莫能外，并表现出不同的特点。其中向来重血缘、分亲疏、序尊卑的东亚国家受传统影响更为深刻。基于共同血缘背景的家族主义观念根深蒂固，并规引着人们的日常行为方式：“血缘关系虽然已经不再成为人们社会关系的依据，但在相当多的村落家族共同体中，血缘关系的网络仍没有冲破，地缘与血缘的结合依然存在，村落家族的基本结构还是明确的，

它们在社会调控中仍起到相当的作用。随着村落经济条件的变化，村落家族文化有强化的趋势。”①

韩国向来是一个宗族社会，宗族观念根深蒂固，以至于到 1997 年才修改法律，允许姓氏相同的男女结婚。对此，康明斯写道：传统韩国社会网络由“高度组织化的父系血统族群”——连接过去和现在的大链条上的家庭——所组成……大多数精英来自相对少数的名门望族，以这样一种方式，血缘族群从顶端组建社会。同时，血统族群也从底端组建社会，许多韩国村庄只有一个宗族。② 韩国这种家族主义直到现代社会仍然在强有力地存续着，“韩国社会这种以家族为基础的特质在现代化的转型中保存了下来，并非常自然地延伸至政治和经济领域”③。而这种家族主义在政治领域的延伸则突出表现为政治联姻，进而构筑更加牢固的家族裙带网络。如通过联姻，朴正熙与金钟泌建立了亲戚关系，还与丰山集团（Poongsan group）的领导人成为亲戚，而金钟泌通过联姻与可隆集团（Kolon group）建立了纽带。当大家族把子女送到政界和商界时，他们是如此复杂地纠缠在一起，以至于很难用一张关系图将他们的关系描绘清楚。由此可以说，家族主义伦理仍在家族式腐败中起着催化剂的

---

① 王沪宁：《中国的村落家族文化：状况与前景》，《上海社会科学院学术季刊》1991 年第 1 期，第 106—114 页。

② Cumings, Korea's Place in the Sun, pp. 49, 51.

③ 〔美〕康灿雄：《裙带资本主义：韩国和菲律宾的腐败与发展》，李巍译，上海人民出版社 2017 年版，第 47 页。

作用。

（一）构筑在血缘关系之上的家族主义观念

在中韩等东方社会结构中，家庭是最初始最基本的社会组织单元，亲情是人与人之间最亲近和最弥足珍贵的感情，血缘则是维系家族亲情的联结纽带，家族成员之间的血缘亲情关系稳固，具有浓厚的家族主义色彩。著名作家韩少功对中国传统社会结构曾经有过一段相当生动又形象的描述："走进中国南北的很多传统民居，如同走进一种血缘关系的示意图。东西南北，前后三进，父子兄弟各得其所，分列有序，脉络分明，形貌和气氛肃然，一对姑嫂或两个妯娌，其各自地位以及交往姿态，也在这个格局里暗暗预设……生活在这里的人们，秉承明确的血缘定位，有上下左右的亲缘网格，叔、伯、姑、舅、姨、侄、甥等各系亲戚的称谓不胜其烦……"[①]费孝通将这一社会结构称之为"差序格局"，即人与人之间牢固的社会关系，通过血缘的内核同心圆向外扩展。在《乡土中国》一文中，费孝通以丢石头形成同心圆波纹的差序来比拟："我们的格局是好像把一块石头丢在水面上所发生的一圈圈推出去的波纹。每个人都是他社会影响所推出去的圈子的中心。被圈子的波纹所推及的就发生联系。"[②] 在这种以"己"为中心、推己及人的社会关系网络中，拥有共同血缘背景的家族一起组成了一座有围

① 韩少功：《人情超级大国（一）》，《读书》2001 年第 12 期，第 85—91 页。
② 费孝通：《乡土中国》，上海人民出版社 2013 年版，第 25 页。

墙的城堡。城内是最大限度的共产主义大协作，家族成员们在里面以“各尽所能，各取所需”的原则指导着自己的各项活动，互相帮助发展到了一种很高的程度。一种道德义务和家族责任荣誉感促使他们要相互提携；但对城外的世界则采取一种冷漠无情、一致对抗的态度。正如人们所见到的那样，家族成了有围墙的城堡，城堡之外的任何东西都可以是合法的抢夺物。[①] 可见，人们的经历与行为体现出浓重的家族主义色彩，家族群体为行动单位，而共同的血缘关系则成为伦理道德的出发点和立足点。以中韩为代表的东方文化中的这种家族主义观念具有以下几个显著特征：

1. 突出强调家族利益至上

在家族主义文化中信奉家族至上的理念，家族利益至关重要。中国晚清思想家康有为在其《大同书》中指出中国是家族本位的社会。家族势力非常强大且充满活力，一旦权力获得变现的机会，寻求权力寻租的人首先会把家族利益放在“至高无上的地位”。在中国家族主义的文化氛围中，一个家族里如果有一人做官，他便有责任和义务为家族利益添砖加瓦，光宗耀祖、福泽家族是人生价值所在。2016 年 8 月落马的湖南省衡南县委原常委、县政府原常务副县长申某亮在忏悔录中坦承自己走上腐败之路的心路历程可看作是这方面典型。他忏悔道：

---

① 参见林语堂：《中国人》（全译本），学林出版社 2007 年版，第 155 页。

"我家族里祖祖辈辈没有一个当官，连一个村干部都没有。我参加工作后，一直把出人头地、争取上进作为目标，想着光宗耀祖。"而韩国社会深受儒家文化中的家族主义影响，如家长制传统、血缘主义都深刻影响着韩国人的思想性格和行为方式。在此文化环境影响下，韩国人也极为重视伦理亲情和家庭温暖，强调家庭团结与集体主义。然而，儒家文化中的家族主义也带来了许多负面影响，成为韩国难以跳出家族裙带腐败怪圈的一大根源。正如有学者通过对韩国的观察后所指出的："儒家的传统文化中也有一些不适应现代社会的消极因素，而且这些消极因素在一定的社会政治经济环境影响下，成为腐败产生的温床。"① 在这样的环境中，个人要实现人生价值，就既要依赖于家族，又要谋利于家族。如果一个官员不给家族造福，不为家族中经济困难成员谋利，不仅是十分惭愧的，而且在家族中也往往"不受待见"。

2. 公私界限不清晰

在家族主义文化中，家国一体、公私不分是十分常见的现象。"为自己可以牺牲家，为家可以牺牲族……这是一个事实上的公式。在这个公式里，你如果说他私，他是不能承认的，因为当他牺牲族时，他可以为了家，家在他看来是公的。当他牺牲国家为他小团体谋利益，

① 陈海莹：《"韩国病"的政治解读——韩国现代化进程中的反腐败研究》，中国社会科学出版社 2015 年版，第 15 页。

争权利时，他也是为公，为了小团体的公。”[①] 有学者指出：“中华传统家族文化推崇家国一体，家是国的基础，国是家的放大，家族、族权与国家、政权具有内在的一致性，家族的内部事务与国家的公共事务在不同层次上存在不同程度的关联，界限并不分明。”[②] 在韩国，“重人情不重法律、重关系不重原则的社会文化和思维习惯”[③] 同样根深蒂固，从而形成普遍存在的公私不分的文化现象。血缘、姻缘关系的泛化、家庭范围的扩大吞噬着公共领域的版图，混淆了公私之间的界限。这种家国一体、公私不分的家族主义文化至今仍然影响深远。对此，我们仅从一些普通百姓时常把“公家”的花木变成“自家”的花木这一细小的行为举止中便可窥见一斑。

3. 家族观念削弱了道德与法律的约束力

家族主义伦理以家庭宗法关系区分亲疏、远近、厚薄，亲亲为本，血缘至上，不仅利自己，利直系亲属，还会利基于血缘、姻亲辐射开来的其他亲戚关系。因而，在家族主义观念之下的道德、法律和纪律，都得看血缘关系的亲疏、远近和厚薄而加以一定程度上的伸缩。对此，费孝通在考察中国社会格局后一语中的地指出：“一切普通的标准并不发生作用，一定要问清了，对象是谁，

① 费孝通：《乡土中国》，上海人民出版社 2013 年版，第 28 页。

② 张喜红：《基层权力“家族化”的治理之道》，《学习与探索》2013 年第 12 期，第 66—71 页。

③ 陈海莹：《“韩国病”的政治解读——韩国现代化进程中的反腐败研究》，中国社会科学出版社 2015 年版，第 169 页。

和自己是什么关系之后，才能决定拿出什么标准来。”[①]这也就不难解释费孝通在中国社会生活中所观察到的一些现象：“不少人痛骂贪污的朋友，遇到他的父亲贪污时，不但不骂，而且代他讳隐。更有甚者，他还可以向父亲要贪污得来的钱，同时骂别人贪污。等到自己贪污时，还可以‘能干’两字来自解。”[②] 可见，在家族主义的社会文化情景中，血缘亲情高于一切。“人们行为做事的正当性，首先讲的是情，依次才是理和法。如果合情合理又合法，当然是上上之选；如果合理、合法不合情，则不能得到肯定；只要是合情，即使不合理又不合法，依然可行。”[③] 因此，一旦遭遇到家族亲属腐败时，很多人明知既不合理又不合法，也会给予宽容，甚至纵容和包庇。

（二）家族观念是家族式腐败的重要驱动力

对于身居权力岗位的官员而言，把重血缘、分亲疏的家族主义观念带入公共事务决策和执行公共资源分配中来，不合理更不合法，但在许多人尤其是官员亲属的眼中却是合情的。正如聂辉华所指出的：“如果一个家族里面有人在外面做了官，不给家族里其他亲人‘行方便’，背后便会受到亲戚的指责唾骂。”[④] 传统文化中的家

---

① 费孝通：《乡土中国》，上海人民出版社 2013 年版，第 35 页。

② 费孝通：《乡土中国》，上海人民出版社 2013 年版，第 35 页。

③ 吴灿新：《当代中国政治腐败滋长的政治道德根源》，《伦理学研究》2005 年第 4 期，第 50—53 页。

④ 聂辉华：《如何看待家族腐败》，光明网，http：//theory. gmw. cn，2014 年 12 月 24 日。

族主义观念会助推形成以官员的权力为中心、由血缘关系为准绳构成的“家族情网”。正如有学者所说的：“先天血缘关系，加上‘官官相护’的后天网络，衍生了由官员和他们的亲戚、子女形成的特殊阶层。血缘关系和官职相互结合，权力通过血缘宗法的网络进行流通，扩大了权力的辐射范围，同时把法律对官员的人事管理等权力架空。”① 如此一来，许多官员的配偶、子女及其他家族亲属即便无职无权，但照样具有隐性权力。由此形成的现象使官员手中的公权力变异成了牟取家族私利的工具。在这种家族利益至上的思维习惯下，家族成员为了共同利益，便会产生一股强大的向心力，通力构建一种家族成员之间互惠互利的双赢机制。在这种双方认同的家族观念作用下，结成“家族腐败共同体”也就不足为奇了。

1. 腐败官员的视角分析

第一，“家族道德义务担当”：让家人过得体面些。在家族主义社会语境之下，“家族主义伦理强调家族成员之间的经济互助，尤其是家族中优秀成员对其他成员在经济上的帮助，由此，官员理所当然地负有供养家庭、帮助宗族中贫弱族人的道德义务”②。出于对家族的道德义务，身处家族亲属关系网络中的官员有为家人、亲戚

---

① 杜林致：《腐败文化和心理：中韩比较》，中国社会科学出版社 2015 年版，第 122 页。

② 谢红星：《家族主义伦理：传统中国腐败的文化之维》，《湖北社会科学》2016 年第 9 期，第 120—127 页。

牟取利益的责任义务。而在现实生活中，不少官员出生时尚没有施行计划生育政策，故每个家庭兄弟姐妹较多，通常是一大家子生活在城市或乡村的底层，而走上权力岗位后，他们不仅成了整个家族里的佼佼者，而且俨然也是家族里的“顶梁柱”，在家族主义观念支配下，千方百计想要当好“家长”，立志用手中掌握的权力让家人过得“体面些”。这在多起家族式腐败案例中均有所体现。四川省雅安市委原书记徐某家则是出于对哥哥的愧疚之心、报答之意，千方百计想让哥哥的生活过得体面起来，从而走上兄弟俩“共谋富贵”的贪腐道路。他在忏悔书里陈述道：

我对这个家付出得太少，全靠哥哥一个人挑起生活的重担。多年积蓄的愧疚排山倒海般向我涌来。我急切地想为哥哥做点儿什么，让哥哥扬眉吐气。于是，在一个又一个项目中，我让自己和哥哥非法获利，获利金额一笔大过一笔。[①]

无独有偶，安徽省政府原秘书长杨某农同样是因家族道德义务而陷入家族式腐败的典型。据有关媒体报道，杨某农在忏悔录中回忆了自己为哥哥、妻子、妻弟等亲属利用职权谋取利益的若干情节，其中他着重回忆了自己和哥哥小时候的一些情景：

1980 年自己参加高考，考取了中专，哥哥当时在念

① 周丽萍、王巧捧：《110 余项规定治不了违规经商?》，《廉政瞭望》2015 年第 5 期，第 29—30 页。

高中，成绩不错，但自己坚持要上高中读大学。由于当时家里经济条件有限，父母依着我让我去上了高中，让我哥哥辍学回月山铜矿当了矿工。1982 年，哥哥 18 岁，扛着行李送我去上海念大学，他在井下干了很多年采矿工，后来得了风湿性腰椎病，现在腰弯得像弓一样直不起来。因为这些，我对哥哥满怀感激和愧疚，长期以来对哥哥有求必应，并且主动出谋划策，主动帮他谋取不正当利益。①

可见，正是出于对哥哥的家庭道德义务和报恩心理，促使杨某农屡屡利用职务便利为其哥哥非法谋取利益。

第二，“肥水不流外人田”：为别人谋不如为自家人谋。在现实生活中，有些官员一旦走上权力岗位后便把权力的来源及其公共属性抛之脑后，当涉及某种实际利益的时候，自然而然想到的就是让自家人“近水楼台先得月”。也就是说，必须按照“资源共享、利益同沾”的原则，给予自家人适当的“照顾”。譬如，田某庆当上西藏自治区日土县副县长后，一天，妹妹找到他，一把鼻涕一把泪地诉说家里如何如何困难……田某庆沉默了，他想，自己当官了还不能为亲人帮点“小忙”，这官当得还有什么意思？手上的工程项目给谁做不是做，钱给别人挣还不如给家里人挣，只要把项目做起来验收通过就

① 参见佚名：《厅官和副部合伙后　把钟馗像“请”进办公室》，新浪新闻，http：//news. sina. com. cn，2017 年 11 月 6 日。

可以了。抱着这样的想法，2012 年，田某庆利用职务影响，多方运作，帮助并不具备施工资质的妹夫侯某顺利拿到了总投资 80 万元的日土县日松乡德如村蔬菜大棚建设工程，侯某送给田某庆“辛苦费”1.5 万元。2013 年，在田某庆的关照下，侯某先后拿到了日土县热帮乡龙卡门村嘎不仁水渠和热角村转场路钢架桥建设项目，为了表示感谢，侯某又将部分利润送给了田某庆。

第三，“人走茶不凉”：家族政治资源的递延。美国政治学家弗朗西斯·福山借助现代生物学的研究表明：将资源传给家属、亲戚的欲望，是人类政治中最持久的常态。他指出：“家庭内部的合作得到一个生物学所证实的事实的支持，即所有动物都会关照亲属，愿意大量地、不求回报地把资源转让给他们，这样做将大大增进家族群体内形成长期的互惠的合作关系的机会。”① 现实中，仍有不少人将为官从政看作是一种政治资源，为官不仅意味着掌握权力资源，而且还可以凭借权力地位支配、经营、扩展政治资源；相反，失去了官位就意味着政治资源的中断。于是，为避免“人走茶凉”，一些官员在位时，便将手中的权力当作资源来算计、运筹，不仅善于谋事，还善于“谋人”。在其有权有势时，竭尽所能地为家族亲属“做嫁衣”，将家人、亲属或其他家族亲戚安排到各个部门或岗位，有的甚至从一般的“子承父任”的

① 〔美〕弗朗西斯·福山：《大断裂：人类本性与社会秩序的重建》，唐磊译，广西师范大学出版社 2015 年版，第 40—41 页。

单线权力"传承"升级为家族中"一人得道，鸡犬升天"的多面传承态势，希望权力可以在家族范围内世代传袭，从而实现政治资源在家族内部的对接、传承与递延，以谋取其个人、家庭乃至整个家族的深层和长期利益需求，由此形成"人走茶不凉"的局面。

在山西运城的"房媳"事件中，根据媒体调查和披露，以"房媳"张某、公公孙某平为核心的运城孙家，在运城市有着极为庞大的家族势力，整个家族不仅资产过亿元，且家族成员至少有 20 人在运城市担任公职。因为孙某平的关系，运城市煤管站系统一度为孙家所垄断，而充斥于运城市煤炭系统内的，不仅有孙某平的亲戚，甚至有很多亲戚的亲戚。① 再如，苏哈托执政印度尼西亚时期，其子女中不仅有经商办企业的，还有涉足政坛并担任政府要职的，长女哈迪扬蒂连续几届当选为国会议员，曾几次参加过副总统候选人的竞选，她还曾担任印度尼西亚国家社会事务部部长。而在马科斯掌权菲律宾时期，同样有多名家族成员"鸡犬升天"，并在政府担任要职。

2. 家族成员的视角分析

第一，朝里有人好做官，大树底下好纳凉。中国有句俗语：朝里有人好做官，意思是因有权势的人做靠山就能得到重用；与此相适应，中国还有句俗语叫"大树底下好纳凉"，同样是比喻有关系依托，做事方便。这两

① 张慧：《房媳家族财富疑云》，《方圆》2013 年第 15 期，第 14—17 页。

句俗语，是对中国封建专制统治下凭有权势的亲朋好友做靠山而轻易当官或便利行事等陈规陋习的形象描述。受此影响，很多人对于家族式腐败行为的认识出现了两难境地：当泛泛而谈时，个个都是深恶痛绝，务必“除之而后快”；但一旦轮到自身也未能“免俗”，特别是当涉及有利于自己职务升迁或办事方便时，却趋于心理上的认同。早年，瑞典经济学家冈纳·缪尔达尔（Karl Gunnar Myrdal）提出了“腐败民俗化”的概念。按照他的说法，掌握权力的人个个在搞腐败，而且成了一种习惯、风俗。其实，“腐败民俗化”还有另一层含义，即人民群众对腐败的态度，不是反对而是默许、宽容甚至参与。最典型的例子是，时下一谈起腐败来，总有一些人情不自禁地说：“我们无职无权，想腐败也腐败不了啊！”这话乍听起来似乎颇有些道理，即腐败通常是与权力、地位紧密相连的，无权无职的人或者说平头老百姓自然是很难沾得上边的。但倘若细究起来，这话似乎又不那么简单，话里话外似乎隐藏着一种暧昧的“羡腐”之情：自己没有条件，如若有条件也可以搞点腐败。韩国的情形也较为相似：“从官到民普遍缺乏对贪污腐败行为疾恶如仇、除恶务尽的决心和勇气，老百姓对‘正常’的腐败并不痛恨。应该说整个社会风气和民众心理对‘正常范围内的腐败’是有很大的宽容度和很强承受力的。”①

① 韩茂潮：《韩国反腐败情况探析与启示》，《中国监察》2011年第8期，第60—61页。

由此观之，尽管有些人从道义上极为痛恨家族式腐败，但并不影响自己实施家族式腐败，以致不管身居何种公共职位，这些人第一想法往往是为家人、亲属谋点好处。应该说，这种认识不仅在官僚体系内部，而且在社会上还有一定的市场。就我们的日常生活来说，在不少人看来，在一个地方或一个部门中出现官员在人事调整中违规提拔自己的亲属担任要职或肥缺现象是很正常的，也谈不上是违法乱纪，只不过是官员在力所能及范围内对自己家人、亲戚的照顾和帮助罢了；再如，官员在其亲属经商办企业时给予适当的政策倾斜或给予方便，这在许多官员的亲属看来似乎是合情合理的，因而运作家族关系以谋取私利来也就有恃无恐了。

第二，笑贫不笑贪，讽廉不讽腐。社会上有人写打油诗，其中一句“市井讽廉不笑贪”发人深省，折射出了社会上一部分人对贪腐现象的错位心理。当前，在部分腐败官员家属当中，价值观念扭曲，是非标准错乱，一些廉洁自律的官员在家庭生活中不仅得不到应有的尊重，反而受到奚落、责难和嘲讽。如坚持党性原则、严格照章办事就可能会被身边的家人、亲戚打上“死脑筋”“傻帽儿一个”“不近人情”“不替家人着想”等标签；而一些能捞敢贪、会给亲属办事的官员在不少家人心目中反而被推崇为“有本事”“有能耐”“替家人着想”，出现了笑贫不笑贪、讽廉不讽贪的极不正常现象。据办案人员介绍，湖南省衡阳市交通局原局长邹某华的老婆何某某对收受别人送来的钱物似乎有种“快感”，她一直认为别人送东西给邹某华，是邹某华有本事。于是，她什么礼物都敢收，什么钱都敢接，唯恐别人不送。[①]

第三，“大家都在拿，为何你不能拿”。“收礼无罪，不收不对。大家都在拿，为什么你不能拿”这种现象的产生有其深厚的社会土壤，与腐败心理中的从众心理密切相关。时下不少官员的亲属将这种扭曲的心理带入家庭生活中，用在了对亲属官员的“耳濡目染”当中，从而强化了“有权不用，过期作废”“收礼无罪，不收不对”的意识，固化了“家庭腐败共同体”的认同心理。譬如，随着云南省原省长李嘉廷地位的上升和权力的增加，他的妻子王某的虚荣心和贪欲也一天比一天膨胀了起来。面对社会上的种种诱惑，她常常抱怨李嘉廷说：“大家都在拿，为什么你不能拿?”案发后，一些给李家送过礼的老板们都有“同感”，说王某最直接的表现就是受贿时“心安理得”，甚至是变本加厉地收敛钱财。小到一件衣服，大到上万美元，她都悉数收进，成了李嘉廷收礼受贿的“总管”和“代理人”。[②]

总之，在家族主义观念主导下，一些官员手中的公权力被血缘和姻缘联结的家族亲属关系网所捆绑和束缚，家族成员大多形成了进行权力寻租、利益输送的一致愿

① 杨同柱：《贪官忏悔录》，清华大学出版社 2015 年版，第 71 页。

② 夏体雷：《泪水洗不净贪欲——李嘉廷妻子自杀前后》，《云南法制报》2003 年 7 月 30 日。

望，即便偶尔有个别家族成员表现出“不同流合污”“大义凛然”的言行举止，其在家族共同体内部也必然遭受其他家族成员的嘲讽、斥责、声讨以至于被孤立而难以自处，由此，一个利益共谋、利益攸关的家族腐败共同体便油然而生。

二、超越“大家”的小族群利益驱动

在对众多家族式腐败案件的观察与分析中，笔者发现超越“大家”的小族群利益驱动是产生家族式腐败现象的一个重要原因。所谓“小族群利益”，指的是由一家一族成员所共同享有的利益，它是与国家、集体、社会等“大家利益”相对而言的“小家利益”。其实，一家一族的“小族群利益”不仅是客观存在的，而且是与个体利益距离最近的群体利益，往往是能够看得见摸得着的利益。国家公众利益是抽象的、是利他的，而自己和家族利益却是实实在在的，褊狭的社会情感使其为家族谋利益的动机更为强烈。[①] 于是，一家一族的“小族群利益”就攀升至国家利益之上。由此，在狭隘的家族小团体利益至上心态的引领下，部分官员与其家族成员罔顾国家和公众利益，肆意以权谋私与利益输送，致使私欲凌驾公域、私利侵渔公益、私意捆缚公权，形成了“一荣俱荣，一损俱损”的家族式腐败利益链，出现了亲属

① 杜林致：《腐败文化和心理：中韩比较》，中国社会科学出版社 2015 年版，第 128 页。

贪腐窝案、家族腐败犯罪。倘若进一步探究的话，其生成的基本逻辑如下：

（一）家族私欲膨胀："国计"与"家财"的角色冲突

通常情况下，角色指的是身处一定社会地位的个体依据社会客观期望，借助自己的主观能力适应社会环境所表现出来的行为模式。根据社会心理学的理论，每个人在社会中都扮演着一定的角色，角色影响着人的心理和行为。而一些官员之所以会走上家族式腐败道路，与其角色冲突有密切的关系。一方面，作为国家公职人员，官员的公共职位要求其本人作一个"忠实公共人"，在公权力的使用过程中，要坚持公共利益最大化原则，而不能因个人私利影响公权力的公共运用；另一方面，作为一名普通的"凡人"，公职人员毫无疑问有着自己的私人利益。学者庄德水认为，公职人员的私人利益由三个层次组成：最核心的是公职人员个人的利益，包括经济利益和精神利益；第二层是公职人员家庭成员的经济利益和精神利益；第三层是公职人员家族成员的经济利益和精神利益。[①] 从理论上讲，作为公职人员理应用人民赋予的公权力运作公共利益并使之最大化，但是也有可能因人性中私欲的膨胀致使官员利用手中的公权力谋取家庭和家族的私利。

---

① 庄德水：《利益冲突：一个廉政问题的分析框架》，《上海行政学院学报》2010 年第 5 期，第 95—102 页。

其实，公权与私欲古已有之，二者如影随形。关于这一点，恩格斯在《家庭、私有制和国家的起源》中就直言不讳地指出："最卑下的利益——庸俗的贪欲、粗暴的情欲、卑下的物欲、对公共财产的自私自利的掠夺——揭开了新的文明的阶级社会。"[①] 政治学的研究同样表明，"权力与权利的共存是产生腐败的基本前提，私利是权力与腐败相缠的中介"。[②] 从某种意义上讲，人类只要存在公权与私欲，就难以完全避免二者相互勾连的可能，也就难以彻底清除公权的异化即腐败现象。而当公权与家族私欲相联结时，公权私用的腐败欲望就愈加强烈，角色冲突就愈加显见。我国唐代大诗人罗隐有句名言："国计已推肝胆许，家财不为子孙谋。"而"国计"与"家财"的关系，其实表征的就是为公共利益还是为家族私利的关系问题。事实上，早在两千多年前古希腊哲学家柏拉图就曾说过，家族联系，尤其是父母与子女的关系是体制化的社会和归属关系的首要基础势力。他在《理想国》中表明：亲戚关系与公共政治秩序之间，永远存在紧张。[③] 在现实的政治生活中，掌握公共权力的官员在正式场合是国家党政机关系统里的一名成员，而私下里却更多的是家族亲属关系网中的一分子。如同美国社会人类学家罗伯特·雷德菲尔德（Robert Redfield）

① 马克思、恩格斯：《马克思恩格斯选集》（第4卷），人民出版社1995年版，第94页。
② 李建华、周小毛：《腐败论：权力之癌的"病理"解剖》，中南工业大学出版社1997年版，第33页。
③ 转引自冯月季：《"打老虎"与"拍苍蝇"》，《联合早报》2015年1月20日。

在《乡土社会》一文中所论述的："每个人都置身于亲属关系网里，受其规范和制约；亲属之间则依据各自在家族谱系中的身份相互交往。"① 囿于先天的血缘关系及人性逐利的自然天成，身处家族亲属关系网络中的官员一旦有为家族亲属、亲戚牟取利益的私欲，无疑就会与其公职身份产生显见的角色冲突（见图4—4）。

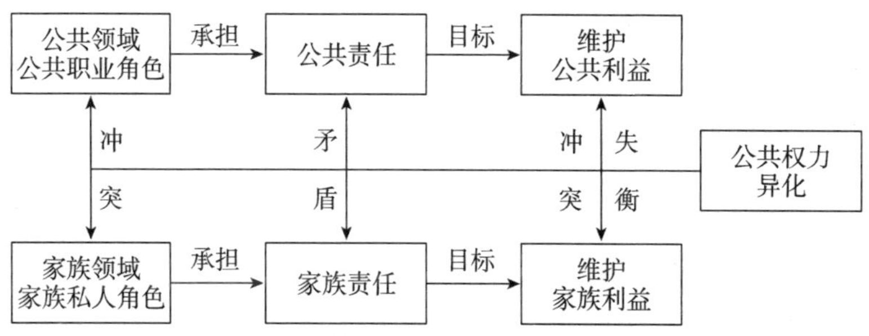

图4—4　官员公共角色与家族角色冲突造成公权力异化的逻辑图②

事实上，一些领导干部尽管身居要职，但也不可避免地会产生角色矛盾与冲突，即在公共职业角色和家族私人角色之间徘徊，他们既想成为承担公共责任、维护公共利益的清正廉洁的谦谦君子形象，同时又想利用手中权力满足实现家族私欲。正是在这种公职与家庭双重角色和由此带来的公私利益冲突与矛盾中的角色偏差，致使全家走上了贪腐的道路。

① 转引自阎明：《"差序格局"探源》，《社会学研究》2016年第5期，第189—214页，第245页。

② 绘制此图时参照了研究者杨喜的"角色冲突造成公权力异化的运行逻辑图"。参见杨喜：《亲缘腐败治理研究》，安徽大学硕士学位论文，2017年。

（二）自我安慰的解说：为家人牟利被视作“善行”或“义举”

诚如众见，腐败是一种不道德的社会行为，是植根于逐利的人性本身的。然而，人性当中既有恶的一面，也同样有善的一面。亚里士多德认为，几乎所有的人在观念上都希望崇高却又在行为上选择实利。[①] 因此，腐败者在实施腐败行为时往往会承受一定的心理成本，即来自人性的拷问，亦即腐败者为其腐败行为所承担的道德压力。按照学者徐玉生等人的观点，“尽管腐败是‘坏’的行为表现，但人性包含着‘善’，对‘恶’的行为有一种本能的鄙视、抵触甚至反抗”[②]。事实上，这种源自于人性向善的道德压力在个体腐败中十分明显，但在群体腐败中则极易得到稀释和消解，此中缘由正如学者何家弘等人在分析家族群体腐败利益链成因时所言：“追逐小群利益并不像追逐个人利益那样容易遭受内我与外我的谴责，行为的逆向压力不大。一方面，小群成员共同获益；另一方面，小群成员共同担责。众人皆如此，我何独清高？于是，人们就会心安理得甚至堂而皇之地为了小群利益而损害国家或社会的大家利益。”[③]

换言之，为家族牟利不仅不会受到伦理谴责，而且

---

① 转引自林喆：《权力腐败与权力制约》，山东人民出版社 2012 年版，第 205 页。

② 徐玉生等：《腐败与反腐败及其经济学发生机制分析》，《河南社会科学》2016 年第 10 期，第 19—25 页。

③ 何家弘、徐月笛：《腐败利益链的成因与阻断——十八大后落马高官贪腐案的实证分析》，《政法论坛》2016 年第 3 期，第 3—27 页。

为世人所羡慕甚至称赞。从现实来看，在家族式腐败过程中，腐败者所应承受的内我与外我的道德压力不仅不大，甚至在相当程度上得到了合理的自我安慰，即同家族成员一道为家族牟利通常会在一家或一族的小群体内被视作为“善行”或“义举”，亦即为家人牟利在相当程度上为腐败行为解除了道德束缚。更有甚者，一些贪墨的官员还会把为家人牟利当作贪腐的理由和动力，使家族成员间利益共谋、利益输送成为日常生活。譬如，北京市交通局原副局长毕某玺受贿的钱财除了部分用于个人享受和博得情人高兴外，远在英国留学的儿子是他敛财的最大动力。他曾供述说，为了保证儿子在国外生活舒适，将来的日子也衣食无忧，在心理失衡之际，就产生了趁机捞一把的想法。①

由此也可以看出，人当面临内外交困的心理冲突时，会创造性地寻求一个冠冕堂皇的理由来合理化自己的不道德行为。事实上，在有些贪腐官员心目中，为家人牟利而受贿敛财并不可耻，反而增添了贪腐的借口和动力，成了一剂“合理解释”的心灵鸡汤。于是，在腐败官员忏悔书中，人们经常可以看到诸如“期望家人过得好”“想光宗耀祖”“补偿家人”之类的辩解，腐败者以此来缓解因腐败而产生的内我与外我的道德谴责，公权力应遵循的行政伦理被巧妙地由追求家族私利

① 丁一鹤：《绝对权欲》，中国方正出版社2014年版，第240—241页。

的“家族伦理”所替代，在行政伦理层面不能被人们接纳的不道德行为就成为一些腐败者可资自我安慰的合理解说。

（三）降低腐败风险：一种自我保护的理性选择

腐败与风险并存，实施腐败行为就意味着冒险。那么该如何规避或曰降低腐败的风险呢？对于欲从事腐败的行动者来说，选择可资信赖且不易从内部突破的共谋者不失为最佳方案。可资信赖又不易从内部突破的腐败共谋者从何而来？人们首先会想到的是自己的配偶、子女及其配偶等家人或亲属。这其中的缘由正如学者邵道生所说：“亲情和血缘纽带使整个家族形成‘结构’更为紧密、更为稳固的利益共同体、权力共荣圈，因而是‘堡垒’中的‘堡垒’，非常难攻破。很少会发生一般腐败案件中那种‘狗咬狗’式的‘内讧’，每个个体的利益都与家族整体的利益高度一致，就不太会出现彼此出卖虽违反最佳共同利益反而是自己最大利益所在的‘囚徒困境’。”① 一句话，以家族亲情和血缘纽带为基础建立起来的家族腐败共同体比简单的“因利而聚”的集体腐败更加稳固，更不容易从内部打破，相互检举、囚徒困境在腐败家族成员间都不易产生，毕竟家族成员间血肉相连且利益攸关。因此，“家族式腐败被认为是能够有效规避风险的一种形式。理性的‘贪官’也会自觉地将触角

① 邵道生：《中国：阻击腐败》，社会科学文献出版社 2009 年版，第 333—334 页。

从其他关系网中收回，并精心构建‘家族’这一关系网内核”[1]。

现实生活中，许多官员与其家人、亲属结成家族腐败共同体，就是出于自我保护的一种理性选择。一旦腐败行径败露，既可以全家人合谋转移、藏匿甚至销毁赃款、赃物，还可以彼此间订立攻守同盟，相互推脱或相互揽责，万不得已还能“牺牲一人、保全一家”，从而使他们在贪腐道路上获益更多、风险更小，因而也能走得更远。以社会学的观点看，腐败是一种交往行为。只要交往就会存在一个信任问题，只有信任才可以交往、才能交心。而在信任对象中，亲人无疑是天然可以信任的“自家人”，其他人则需要熟悉后才能信任，与他们交往获得的信任成本远远高于自家的亲属，且随时都面临着背叛的风险。意大利社会学家甘贝塔认为：“一位官员在分配特许经营权和其他公共利益的时候，可能会偏袒自己的亲戚，同时自己也从中分一杯羹。他之所以这么做，不仅是因为他关心自己的亲戚，而且还因为对方也在乎他。毕竟，同陌生人相比，亲戚们不太可能揭发腐败交易或者违反契约。所以，这种相互利用的关系减少了交易双方各自面临的风险。”[2] 在四川省雅安市委原书记徐某加看来，自己从不与老板搞交易众所皆知，“抛头露

① 宫民观：《家族式腐败的前世今生》，《中国改革》2005 年第 1 期，第 58—60 页。

② 〔美〕苏珊·罗斯·艾克曼：《腐败与政府》，王江、程文浩译，新华出版社 1999 年版，第 125—126 页。

面”的都是哥哥徐某某，自己只是“顺手牵羊”，非常“安全”。“出了事与我无干，我哥不会出卖我；得了好处我哥不会少了我。”韩国前总统李明博为赢得总统选举而筹集的“捐款”也是通过其信赖的亲属和亲信收受财阀企业的贿赂所得的。这表明，在家族式贪腐活动中，家族内成员相互依赖、融为一体，彼此间有着强烈的特殊信任，益于降低腐败风险。可见，家族式腐败是腐败生态中最坚固的利益链条，有着强大的亲情和信任做支撑，“相对于其他类型的团伙腐败，家族式腐败的优势在于，亲情和血缘的纽带使个体间容易形成较为充分的信任，并进一步发展为信息共享、利益共享，成为一个高度团结一致的小集团，即便是东窗事发，家族成员之间也会有较为强烈的‘相互保护’心理”[①]。

① 白烁：《腐败父子兵》，《南方日报》2006年9月25日。

结　语

党的十八大以来，以习近平同志为核心的党中央坚持“打虎”无禁区、“拍蝇”零容忍、“猎狐”撒天网，打破所谓“刑不上大夫”的幻想，破除所谓“法不责众”的观念，释放“天网恢恢、虽远必追”的强烈信号，不敢腐的目标初步实现，不能腐的笼子越扎越牢，不想腐的堤坝正在构筑，反腐败斗争压倒性态势业已形成并巩固发展。然而也不可否认，正风反腐永远在路上中国未来巩固发展反腐败斗争压倒性胜利之路依然任重而道远，由此，反腐学术研究和实务探讨也愈发重要，并要求渐次走向深入。

腐败既是一种政治现象，也是一种社会现象，更是一种文化现象，而且还源于中国社会历来是一种人情、关系社会，当熟人特别是自己的家人涉足腐败时，责任、人情等“潜在规范”往往促使行动者对其进行庇护，哪怕超越了道德与法律的边界。因此，探寻文化反腐的路径不失为一种补充，它虽不能起到立竿见影的功效，但其作用却是根本性的。大量家族式腐败案件的背后折射出的是领导干部家风不正问题。从这一意义而言，加强领导干部家风建设、涵养廉洁家风应是防治家族式腐败的基础性工程。就此，党的十八大以来，习近平总书记在不同场合多次讲道，要注重家庭、注重家教、注重家风，反复强调领导干部要把家风建设摆在重要位置，廉洁修身、廉洁齐家，在管好自己的同时，严格要求配偶、子女和亲属，防止“枕边风”成为贪腐的导火索，防止子女打着自己的旗号非法牟利，防止亲属把自己“拉下水”。就如何加强领导干部家风建设，笔者认为可以从如下方面入手：

一、廉洁齐家、树立良好家风

通常来说，担任领导干部的人是一个家庭乃至于家族的主心骨，他们无疑是家风建设的主体。因而，在家风建设中，作为家庭/家族主心骨的领导干部不仅要严以律己，知耻拒腐，带头树立家庭道德榜样，还要从严治家，管住管好家庭成员。

（一）严以律己，做家庭的道德楷模

《孟子》曰：天下之本在国，国之本在家，家之本在身。正己身才能正家风。倘若领导干部自身不守纪律、以权谋私，不仅难以说服教育家人，反而极有可能成为家庭的腐败榜样，进而带领全家走向全家腐的不归路。山东省委原常委、济南市委原书记王敏被查后谈及自己

妻女家人时就说道："是我把他们引向了错误的道路，这不是爱而是害……我没有带好头，作为家庭主心骨，这个上梁没有摆正。"[①] 国家发改委原副主任、国家能源局原局长刘铁男在其子刘某某小的时候便教育他，"做人要学会走捷径，要做人上人"，以致刘某某"从小就觉得钱是万能的，有了钱就有了一切"[②]。社会学研究中有个腐败文化的代际传递理论，这一理论提出："在父辈对子辈进行教育的过程中，腐败文化会从父辈传递到子辈。"[③] 心理学的研究也表明，内群成员的不道德行为对内群其他成员具有"传染性"。这些研究发现提示我们，领导干部的行为方式对于家族成员尤其是家庭亲属具有示范和教育作用，其自身廉洁与否会直接影响子女家人，自觉带头树立廉洁家风，才能耳濡目染地熏陶家人。对此，习近平总书记反复告诫各级领导干部："领导干部要加强自我约束，坚决反对特权思想，教育管理好配偶和亲属。"[④]

（二）从严治家，管住管好家庭成员

中国是"家庭伦理本位"的社会结构，家庭、家族

---

① 范清安等：《千万不能跟党装两面人　要两面派——山东省委原常委、济南市委原书记王敏案件警示录》，《中国纪检监察》2015 年第 8 期，第 52—56 页。

② 王少伟：《家风败坏　祸起萧墙——家风建设系列评述之二》，《中国纪检监察报》2016 年 3 月 20。

③ 徐静：《西方学界关于腐败成因的文化解释》，《经济社会体制比较》2012 年第 6 期，第 186—194 页。

④《习近平春节前夕赴云南看望慰问各族干部群众　向全国各族人民致以美好的新春祝福　祝各族人民生活越来越好祝祖国欣欣向荣》，《人民日报》2020 年 1 月 22 日。

历来是人们日常生活的重心，领导干部作为家中的“佼佼者”，理所当然地负有供养家庭、帮扶亲族的道德义务。然而，“这种倚重亲情的传统观念有助于维护社会生活的和谐与稳定，但有时也会把家族引向罪恶的深渊”。[①]社会学的“角色失范”理论认为，每一种社会角色都有一套与之相关联的社会准则，每个角色都按照准则行为处事，社会才不至于失序失常。领导干部的家人、亲属虽不直接掌握权力，但在身份上却有着特殊性，属于领导干部的“身边人”，没有一定的规矩约束和教育引导，稍不留神就可能逾规失范。有些领导干部在处理工作中尚还能坚持原则、严守法纪，一旦涉及家人、亲属便舐犊情深，丧失底线，无原则地把亲情和家庭利益置于党纪国法之上，让亲情绑架了手中权力。例如，海南省委原常委、海口市委原书记张琦主政期间，大搞“亲情”工程，纵容妻子及其亲属参与多个园林绿化工程项目的经营，获取巨额利润，被中央纪委点名“家风败坏”。山西省人大常委会原副主任张茂才则利用手中的公权力为家人的煤炭生意牟利。这些查处的大案要案都表明，家风不正、家教不严是家族式腐败发生的直接原因，正所谓“积善之家，必有余庆；积不善之家，必有余殃”。因此，领导干部在家风建设中除廉以修身、言传身教外，更应从严治家、廉以持家，树立以廉为荣、以贪为耻的

① 何家弘、徐月笛：《腐败利益链的成因与阻断——十八大后落马高官贪腐案的实证分析》，《政法论坛》2016 年第 3 期，第 3—27 页。

价值观，教育督促亲属子女走正道，以管好家里人，有效降低家庭腐败风险，为官员廉洁用权提供一个干净的“后院”。

二、以史为鉴、传承廉洁家风

纵览历史，无论是古代的清官廉吏，还是当代的中国共产党人，都留下了无数极具教诲意义的廉洁家规、家训和家风，教育陶冶着家族子弟和后世子孙，谱写了许多回味无穷的廉洁家风故事。从历史文化中汲取廉洁营养，传承古代廉洁家风和中国共产党人的红色基因，对于时下涵育为官从政者的廉洁家风，医治家族式贪腐病症，仍不失为一服超越时空的济世良方。

（一）传承古代清官廉吏的廉政家风

中国古代素有重视家风和传承家风的习尚，所谓“三代而下，教详于家”。在我国传统社会中，历代清官廉吏都是通过言传身教或者规范训诫使自己家族成员世代传承清正廉洁的家风。东汉时期的大臣杨震，“性公廉、不受私谒”。据记载，杨震赴东莱任太守途中，路过昌邑，被他举荐担任昌邑县令的王密，夜揣十金往其住处赠送，以谢知遇之恩。杨震说：“故人知君，君不知故人，何也?”王密说：“暮夜无知者。”杨震道：“天知、地知、我知、子知。何谓无知!”坚辞不受。由此，以“清白吏”为座右铭的杨震被称为“四知太守”，成为后人学习的榜样。[①] 受其熏陶和感染，杨震的子孙皆能守清白家风，为官清廉。他的五个儿子都以“清白吏”而誉满天下。他的子孙曾经达到“四世三公”的辉煌顶峰，但个个都很清廉，正如汉末孔融所言：“杨公四世清德，海内所瞻。”[②]

北宋名臣包拯谥号为“孝肃”，这不仅体现在他为官刚正不阿、法度修明、身正服人等品德中，也充分体现在他留下的37字家训中：“后世子孙仕宦，有犯赃滥者，不得放归本家；亡殁之后，不得葬于大茔之中。不从吾志，非吾子孙。”并命人刻在堂屋墙壁，以昭后人。包拯重言教，更重身教，据《宋史》记载，包拯“虽贵，衣服、器用、饮食如布衣时”。包拯的言传身教、以身作则，成了居官清廉的家风，并被包氏子孙继承弘扬。包拯的儿子包绶一生秉持“清苦守节，廉白是务”的准则，他去世时，人们打开他随身携带的箱囊，发现除了诰命、书籍、著述和文具外，再也没有值钱的东西。包拯的孙子包永年被人评价为“莅官临事，廉清不扰，而孝肃公之遗风余烈在也”。[③]

由上观之，官员家族一旦形成良好家风，就会成为一种强大的精神力量，不仅能涵养自身官德，还能使家族兄弟和后世子孙在耳濡目染和潜移默化中继承其优良

---

① 田旭明、陈延斌：《古代廉吏贪官家风比较之镜鉴》，《中国纪检监察》2015年第10期，第31页。

② 武超、渭平：《杨震：清白家风传千古》，《中国纪检监察报》2015年11月6日。

③ 刘绪义：《清心治本话包拯》，《中国纪检监察报》2017年8月21日。

品德和优秀传统。当前，加强各级领导干部家风建设，理应学习古代廉吏的清正廉洁家风，大力传承好他们的清廉家风。

（二）践行中国共产党人的红色家风

中国共产党人历来高度重视自身的家教和家风。无论是在硝烟弥漫的革命战争年代，还是繁荣昌盛的社会主义建设和改革时期，都涌现出了数量众多、凝聚心血的家书家信和革命家庭中的家训家规，这些对于形成中国共产党人独特的红色家风和廉政基因奠定了坚实的基础。在家教和家风建设方面，毛泽东、习仲勋等无产阶级革命家堪为楷模。新中国成立前夕，杨开慧的哥哥杨开智写信给毛泽东，要求到北京工作。这一请求却被毛泽东严词拒绝了。毛泽东在写给杨开智的回信中说："希望你在湘听候中共湖南省委分配合乎你能力的工作，不要有任何奢望，不要来京。"同时，毛泽东还给当时的长沙市军管会副主任王首道写了一封信，"杨开智等不要来京，在湘按其能力分配适当工作，任何无理要求不应允许"。新中国成立初期，毛泽东外祖父老家一些姓文的亲戚，纷纷到北京看望毛泽东。可有些人回到老家后，就以为和主席攀上了关系，在乡亲们面前牛气哄哄，甚至以特殊身份自居，不服从管理。毛泽东得知此事后，他非常重视，专门给当地政府写了一封信："文家任何人，都要同乡里的众人一样，服从党与政府的领导，勤耕守法，不应特殊。"湖南毛泽东遗物馆陈列有一封毛泽东回绝外婆家15个人请求照顾的信件，这封请求入学、工作等照顾的书信转交到毛泽东手里，他在信的页眉批示了一行字："许多人介绍工作，不能办，人们会说话的。"①

我国改革开放新时期，也先后涌现出了"当官是为国家当，又不是为我们家当"的杨善洲、"在对待子女的问题上，我决不做不利于党风建设的事"的郑培民等优秀共产党人。恋亲不为亲徇私，爱亲不为亲牟利，济亲不为亲撑腰。在亲情与党的利益、人民的利益之间，毛泽东等老一辈革命家和杨善洲、郑培民等当代优秀共产党人始终公私分明、恪守清廉，不仅严于律己，而且严格要求家属子女，为全党作出了表率。家风淳、家风正是他们廉洁家风的鲜明写照，这样的好家风理应大力弘扬，并成为当前加强党员领导干部家风建设的重要践行素材。正是在这一意义上，习近平总书记强调指出："党员领导干部要把对党忠诚纳入家庭家教家风建设，引导亲属子女坚决听党话、跟党走。"

三、强化督促、抓好家风教育

除了官员廉洁齐家、从严治家，汲取历史上廉洁营养之外，组织上也应对领导干部的家风建设常抓不懈，并将家风建设纳入干部考核体系，强化对领导干部家风建设的内外监督，把家风建设的"宏观规定"变为"微

---

① 参见聂文婷、罗平汉：《毛泽东同志的家风》，《学习时报》2017年1月27日。

观细则”、“软要求”变为“硬约束”。在这方面，一些地方的做法可资借鉴和推广。如2016年12月，广州市委出台《关于加强领导干部家风建设的指导意见》，将领导干部家风建设情况纳入年度民主生活会、专题组织生活会和民主评议党员等活动中，并列举了多项具体措施，如：组织召开民主生活会和组织生活会，会前广泛征求家风方面存在的问题，会上查摆和会后整改；在评议党员干部时要就家风建设方面开展批评与自我批评；坚持党内谈话制度，发现领导干部有家风方面的苗头性、倾向性问题，及时开展提醒谈话、诫勉谈话，并要求党组织主要负责人签字并上报；将家风教育内容纳入各级党委中心组学习内容，纳入各级党校培训安排，邀请领导干部家属参加新提任领导干部廉政谈话活动，等等。[①] 为了推进形成家风建设长效机制，福建省把家风建设纳入领导干部述廉述责和廉政档案的重要内容，并要求新提拔领导干部在撰写对照检查材料时予以重点体现。这些规定和做法将对于领导干部家风建设的各项要求和措施具体化，有很强的针对性和可操作性。

此外，通过多种形式持续抓好领导干部家属的廉政教育同样重要。诚如一位学者所指出的：“党员领导干部家庭成员之间若能常吹家庭‘廉政风’，常念家庭‘廉政经’，常算家庭‘廉政账’，自然会帮助他们抵制各种诱

① 参见广州市纪委：《广州：出台关于加强领导干部家风建设的指导意见》，中央纪委国家监委网站，http://www.ccdi.gov.cn，2016年12月16日。

惑，坚持党性，将腐败拒之于门外。”[①] 对此，有关部门和单位可经常性地举办“清风沐廉，共筑好家风”领导干部家属廉洁教育轮训班、组织官员家属走访监狱，接受警示教育、开展“廉洁家庭”宣传教育、组织观看廉洁家风教育纪录片等，以身边的例子教育身边人，从而增强家属的党纪国法意识，深刻认识到“贪内助”“衙内”等给家庭带来的危害，也能起到构筑反腐败“家庭防线”的积极效应。

---

① 周韶钧：《筑牢清白为官第一道屏障》，《中国纪检监察报》2016 年 1 月 30 日。

参考文献

（一）文献资料

[1] 中共中央纪律检查委员会、中共中央文献研究室：《习近平关于党风廉政建设和反腐败斗争论述摘编》，中央文献出版社、中国方正出版社2016年版。

[2] 中共中央文献研究室：《习近平关于全面从严治党论述摘编》，中央文献出版社2016年版。

[3] 中共纪委办公厅、中央纪委研究室：《党的十四大以来中共中央纪律检查委员会历次全会工作报告汇编》，中国方正出版社2015年版。

[4] 国务院新闻办：《中国的反腐败和廉政建设》，中国方正出版社2011年版。

[5]《建立健全教育、制度、监督并重的惩治和预防腐败体系实施纲要》，中国方正出版社2005年版。

[6]《建立健全惩治和预防腐败体系2013—2017年工作规划》，人民出版社2013年版。

[7] 中央纪委法规室、监察部法规司：《党风廉政建设和反腐败现行法规制度全书》，中国方正出版社 2006 年版。

[8] 最高人民检察院职务犯罪预防厅：《国际预防腐败犯罪法律文件选编》，法律出版社 2002 年版。

[9] 郭永运：《国际反腐败法律文献大典》（上），中国检察出版社 2006 年版。

[10] 本书编写组：《十八大以来党风廉政建设和反腐败法规制度汇编》，中国方正出版社 2016 年版。

[11] 本书编写组：《党风廉政建设和反腐败工作文献实用全书》，法律出版社 2014 年版。

[12] 中国法制出版社：《中华人民共和国反腐败和廉政建设法规制度全书》（第二版），中国法制出版社 2014 年版。

[13] 本书编写组：《十八大以来党风廉政建设和反腐败法规制度汇编》，中国方正出版社 2014 年版。

[14] 本书编写组：《纪检监察工作常用法规全书》，中国方正出版社 2014 年版。

[15] 本书编写组：《纪检监察案件检查、案件审理常用法规分类手册》，中国方正出版社 2014 年版。

[16] 人民出版社：《十八大以来廉政新规定》，人民出版社 2016 年版。

[17] 中国法制出版社：《新编党风廉政建设规范手册》（第二版），中国法制出版社 2014 年版。

[18] 中国法制出版社:《十八大以来最新廉政反腐党内法规汇编》(第二版),中国法制出版社2015年版。

(二) 中外著作

[1] 王沪宁:《腐败与反腐败:当代国外腐败问题研究》,上海人民出版社1990年版。

[2] 王沪宁:《反腐败——中国的实验》,北京三环出版社1990年版。

[3] 何增科:《反腐新路:转型期中国腐败问题研究》,中央编译出版社2002年版。

[4] 任建明、杜治洲:《腐败与反腐败:理论、模型和方法》,清华大学出版社2009年版。

[5] 任建明:《反腐败制度与创新》,中国方正出版社2012年版。

[6] 邱学强等:《国家命运:反腐攻坚战》,中央编译出版社2015年版。

[7] 过勇:《经济转轨、制度与腐败》,社会科学文献出版社2007年版。

[8] 庄德水:《防止利益冲突与廉政建设研究》,西苑出版社2010年版。

[9] 陈海莹:《"韩国病"的政治解读——韩国现代化进程中的反腐败研究》,中国社会科学出版社2015年版。

[10] 李永忠:《论制度反腐》,中央编译出版社

2016 年版。

[11] 邵道生：《中国：阻击腐败》，社会科学文献出版社 2009 年版。

[12] 林喆：《权力腐败与权力制约》，山东人民出版社 2012 年版。

[13] 王世谊、周义程：《权力腐败与权力制约问题研究》，中国社会科学出版社 2011 年版。

[14] 倪星：《腐败与反腐败的经济学研究》，中国社会科学出版社 2004 年版。

[15] 孟庆莉：《中国转型期腐败问题实证研究》，中国方正出版社 2013 年版。

[16] 彭吉龙：《腐败现象滋生蔓延问题的调查与治理政策》，中国方正出版社 2007 年版。

[17] 蒋周明：《腐败探源与反腐败研究》，中国检察出版社 2012 年版。

[18] 卢汉桥、郑洁：《腐败防治论》，社会科学文献出版社 2015 年版。

[19] 广佳：《干部腐败解析》，光明日报出版社 2015 年版。

[20] 邓杰、胡廷松：《反腐败的逻辑与制度》，北京大学出版社 2015 年版。

[21] 刘星星：《廉政舆情观察》，人民日报出版社 2016 年版。

[22] 袁峰：《当前中国的腐败治理机制——健全反

腐败惩戒、防范和保障机制研究》，学林出版社 2015 年版。

[23] 杨绪盟、黄宝荣：《腐败与制度之“笼”——国外反腐败经验与启示》，人民出版社 2014 年版。

[24] 柳晞春：《透析十大腐败犯罪现象》，中国方正出版社 2010 年版。

[25] 李秋芳、张英伟：《中国反腐倡廉建设报告 NO. 5》，社会科学文献出版社 2016 年版。

[26] 商红日、张惠康：《反腐败与中国廉洁政治建设研究报告（Ⅲ）》，北京大学出版社 2017 年版。

[27] 本书编写组：《正确判断当前党风廉政建设和反腐败斗争的形势与任务》，中国方正出版社 2014 年版。

[28] 田国良：《反腐倡廉警示读本：高官腐败案例剖析》，中共中央党校出版社 2015 年版。

[29] 王春旭：《公职人员腐败罪刑论》，中国检察出版社 2010 年版。

[30] 李秋芳、孙壮志：《反腐败体制机制国际比较研究》，中国社会科学出版社 2015 版。

[31] 田禾：《亚洲反腐败法律机制比较研究》（亚洲法论坛第三卷），中国人民公安大学出版社 2009 年版。

[32] 高建宇：《惩贪警示录：五十六名贪官腐败人生的警示》，中国方正出版社 2011 年版。

[33] 检察日报廉政周刊：《反腐警示录 2——腐败心理剖析》，中国长安出版社 2014 年版。

[34] 欧阳逸飞：《问题官员：中国当代腐败官员问题启示录》，人民日报出版社 2004 年版。

[35] 徐苏林：《远离贪腐：2000 年以来落马官员忏悔录的警示》，中国社会出版社 2013 年版。

[36] 刘南中：《管好“身边人”：反腐倡廉从这里开始》，人民出版社 2006 年版。

[37] 本书编写组：《家庭腐败警示录》，中国方正出版社 2018 年版。

[38] 任仲文：《十八大以来廉政新规定党员干部读本》，人民日报出版社 2016 年版。

[39] 卜宪群：《中国历史上的腐败与反腐败》（上、下），鹭江出版社 2014 年版。

[40] 张宏杰：《顽疾：中国历史上的腐败与反腐败》，人民出版社 2016 年版。

[41] 刘黎明：《以史为鉴：历代廉政反腐启示录》，新华出版社 2015 年版。

[42] 李小红、张如安：《中国古代廉政思想简史》，中国方正出版社 2011 年版。

[43] 余华青：《中国廉政制度史论》，人民出版社 2007 年版。

[44] 焕力：《中国历史廉政监察研究》，武汉大学出版社 2015 年版。

[45] 郭兴全：《中国廉政建设的理论与实践》，中国社会科学出版社 2014 年版。

[46] 杜林致：《腐败文化和心理：中韩比较》，中国社会科学出版社 2015 年版。

[47] 周琪、袁征：《美国的政治腐败与反腐败——对美国反腐败机制的研究》，中国社会科学出版社 2009 年版。

[48] 岳磊：《中国腐败行为的运作逻辑及其关系模式——基于“关系”视野的考察》，人民出版社 2016 年版。

[49] 中共广东省纪委宣传部：《廉洁齐家：党员干部教育读本》，广东人民出版社 2016 年版。

[50] 本书编写组：《腐败泯灭亲情》，中国方正出版社 2010 年版。

[51] 宋惠昌：《权力的哲学》，中共中央党校出版社 2014 年版。

[52] 费孝通：《乡土中国》，上海人民出版社 2013 年版。

[53] 梁漱溟：《中国文化的命运》，中信出版社 2012 年版。

[54] [新西兰] 杰瑞米·波普：《制约腐败——建构国家廉政体系》，清华大学公共管理学院廉政研究室译，中国方正出版社 2003 年版。

[55] [美] 苏珊·罗斯·艾克曼：《腐败与政府》，王江、程文浩译，新华出版社 2000 年版。

[56] [南非] 罗伯特·克利特加德：《控制腐败》，

杨光斌等译，中央编译出版社 1998 年版。

[57]［德］约翰纳·伯爵·兰斯多夫：《腐败与改革的制度经济学：理论、证据与政策》，清华大学公共管理学院廉政与治理研究中心译，中国方正出版社 2007 年版。

[58]［美］迈克尔·约翰斯顿：《腐败征候群：财富，权力和民主》，袁建华译，上海人民出版社 2009 年版。

[59]［美］金伯利·艾略特：《腐败与全球经济》，刘勇等译，北京出版社 2000 年版。

[60]［美］康灿雄：《裙带资本主义：韩国和菲律宾的腐败与发展》，李巍等译，上海人民出版社 2017 年版。

[61]［美］哈勒、［新西兰］肖尔：《腐败：人性与文化》，诸葛雯译，江西人民出版社 2015 年版。

[62]［俄］哈布里耶娃：《腐败：性质、表现与应对》，李铁军等译，法律出版社 2015 年版。

[63]［新西兰］杰里米·波普：《反腐策略：来自透明国际的报告》，王淼洋等译，上海译文出版社 2000 年版。

[64]［美］塞缪尔·亨廷顿：《变化社会中的政治秩序》，王冠华、刘为等译，上海人民出版社 2008 年版。

[65]［美］弗朗西斯·福山：《大断裂：人类本性与社会秩序的重建》，唐磊译，广西师范大学出版社 2015 年版。

[66]［英］阿克顿著：《自由与权力》，侯健、范亚

峰译，商务印书馆2001年版。

[67]［德］马克斯·韦伯：《经济与社会》（第一卷），阎克文译，上海人民出版社2010年版。

[68]［美］盖伊·彼得斯：《政治科学中的制度理论：新制度主义》，王向民、段红伟译，上海人民出版社2011年版。

[69]［美］彼得·M·布劳：《社会生活中的交换与权力》，李国武译，商务印书馆2008年版。

[70]［美］丹尼斯·朗：《权力论》，陆震轮、郑明哲译，中国社会科学出版社2001年版。

[71] Andrew Wedeman：Double Paradox，Rapid Growth and Rising Corruption in China，Cornell University Press，2012.

[72] Ren Jianming and Others：China's Recent Battle Against Corruption，Foreign Languages Press，2015.

[73] Xie Chuntao：Fighting Corruption How the Cpc Works，New Word Press，2016.

[74] Zhang Jinfan：History of Supervision Law in China，The Commercial Press，2007.

（三）学位论文

[1] 许瑞：《中国特色的预防腐败机制研究》，中共中央党校博士学位论文，2005年。

[2] 楚文凯：《社会转型期预防腐败问题研究》，中

共中央党校博士学位论文，2007年。

[3] 陈雅慧：《现代化进程中腐败问题——亚洲五国的比较研究》，中国社会科学院博士学位论文，2012年。

[4] 许欢：《官员腐败心理与预防控制研究》，武汉大学博士学位论文，2014年。

[5] 金爱慧：《中国传统人际关系对政治腐败的影响及其对策研究》，东北师范大学博士学位论文，2012年。

[6] 毛益民：《集体腐败的形成机理——基于结构、行为与认知的研究》，浙江大学博士学位论文，2015年。

[7] 贡天国：《十七大以来省部级官员腐败现象研究——基于"结构—制度—个体"框架的分析》，厦门大学硕士学位论文，2014年。

[8] 汪亿佳：《我国地方政府官员腐败成因研究——基于我国120个城市数据的实证分析》，浙江财经大学硕士学位论文，2014年。

[9] 丁远明：《中国家族式腐败的利益冲突根源研究》，中共中央党校硕士学位论文，2016年。

[10] 郭燕：《政府官员亲属违规经商问题分析及其治理》，广州大学硕士学位论文，2016年。

(四) 学术论文

[1] 任建明：《防止家族中多人当官，盘根错节，腐败家族化困境待解》，《人民论坛》2005年第1期。

[2] 吴波：《"择劣机制"与"排优机制"家族式腐

败的政治逻辑》，《人民论坛》2015 年第 3 期。

[3] 邵道生：《警惕“家族式腐败”》，《北京观察》1999 年第 11 期。

[4] 宫民观：《家族式腐败的前世今生》，《中国改革》2005 年第 1 期。

[5] 丁远明：《家族式腐败分析：内涵、要素和类型》，《党政论坛》2016 年第 1 期。

[6] 肇俊武：《家族式腐败与领导干部治家》，《领导科学》2001 年第 3 期。

[7] 刘庄：《家族式腐败的升级换代线路及原因分析——以原中山市市长李某红内幕交易案为例》，《四川省社会主义学院学报》2011 年第 4 期。

[8] 帅学仁：《家族腐败特点及应对策略》，《中国纪检监察》2015 年第 10 期。

[9] 曹亚波：《家庭腐败的经典架式》，《法治与社会》2016 年第 5 期。

[10] 谢红星：《家族主义伦理：传统中国腐败的文化之维》，《湖北社会科学》2016 年第 9 期。

[11] 刘绪义：《家族腐败威胁政权　古代如何防控家族权力腐败》，《人民论坛》2015 年第 13 期。

[12] 宫民观：《家族式腐败“警示录”》，《决策与信息》2006 年第 3 期。

[13] 袁北星：《家族制度观念对当代社会的影响》，《人民论坛》2013 年第 29 期。

[14] 张喜红：《基层权力“家族化”的治理之道》，《学习与探索》2013 年第 12 期。

[15] 王沪宁：《中国抑制腐败的体制选择》，《政治学研究》1995 年第 1 期。

[16] 邹薇：《腐败行为的政治经济学分析》，《武汉大学学报》（人文社会科学版）2000 年第 1 期。

[17] 刘守芬、许道敏：《制度反腐败论》，《北京大学学报》（哲学社会科学版），2000 年第 1 期。

[18] 何增科：《中国转型期政治腐败的类型、程度和发展演变趋势》，《北京行政学院学报》2000 年第 2 期。

[19] 顾斌：《集体腐败的经济学分析——对集体腐败行为主体的成本—收益分析》，《社会科学》2000 年第 6 期。

[20] 何旭明：《人情关系与腐败现象》，《社会科学》2000 年第 11 期。

[21] 傅江景：《集体腐败的博弈分析》，《经济研究》2000 年第 12 期。

[22] 倪星：《论集体腐败的经济学根源》，《武汉大学学报》（社会科学版）2001 年第 1 期。

[23] 郑利平：《腐败成因的经济理性与预期效用的论析》，《中国社会科学》2001 年第 1 期。

[24] 朱力：《关于腐败的社会学断想》，《社会》2001 年第 11 期。

[25] 马庆钰：《关于腐败的文化分析》，《中国人民

大学学报》2002 年第 6 期。

[26] 吴敬琏：《中国腐败的治理》，《战略与管理》2003 年第 2 期。

[27] 程文浩：《改革期间腐败机会的产生根源研究》，《公共管理评论》2004 年第 2 期。

[28] 李秀峰、李俊：《我国行政学界腐败研究的现状分析》，《公共管理学报》2004 年第 3 期。

[29] 肖金明：《论政治腐败及其控制——政治文明不能忽略的论题》，《法学论坛》2004 年第 3 期。

[30] 倪星：《腐败的经济学界定与特征》，《华中科技大学学报》(社会科学版) 2004 年第 5 期。

[31] 孔祥仁《“利益冲突”与预防腐败》，《澳门廉政季刊》2004 年第 12 期。

[32] 孙恒山：《腐败概念的分析与刑法学思考》，《当代法学》2005 年第 1 期。

[33] 周琪：《西方学者对腐败的理论研究》，《美国研究》2005 年第 4 期。

[34] 过勇：《经济转轨、制度与腐败：中国转轨期腐败蔓延原因的理论解释》，《政治学研究》2006 年第 3 期

[35] 胡伟：《腐败的文化透视：理论假说及对中国问题的探析》，《浙江社会科学》2006 年第 3 期。

[36] 邓晓芒：《再议“亲亲相隐”的腐败倾向——评郭齐勇主编的〈儒家伦理争鸣集〉》，《学海》2007 年

第 1 期。

[37] 罗洪洋：《腐败何以不为“罪”——对中国传统社会官员贪贿横行的法文化解释》，《法制与社会发展》2007 年第 1 期。

[38] 马戎：《“差序格局”：中国传统社会结构和中国人行为的解读》，《北京大学学报》（哲学社会科学版）2007 年第 2 期。

[39] 沈士光：《试论递延权力》，《岭南学刊》2007 年第 3 期。

[40] 李晓明、任慧：《腐败心理形成及其动态轨迹分析》，《国家检察官学院学报》2007 年第 4 期。

[41] 王一江等：《影响腐败程度的权力和个人因素》，《经济科学》2008 年第 2 期。

[42] 金晓彤、陈艺妮：《关于中国本土化人情研究的评述》，《理论学刊》2008 年第 9 期。

[43] 姚登权：《论腐败的文化根源与合格的权力意志》，《湖南师范大学社会科学学报》2009 年第 5 期。

[44] 黄苇町：《腐败高官落马的“寻租”规律》，《人民论坛》2011 年第 12 期。

[45] 倪星：《公共权力委托——代理视角下的官员腐败研究》，《中山大学学报》（社会科学版）2009 年第 6 期。

[46] 浦兴祖：《试论阻断“公权”与“私欲”的勾连》，《政治学研究》2009 年第 6 期。

[47] 薛刚：《“涉入”与“知情”：集体腐败道路上分离的两点》，《政治学研究》2010 年第 1 期。

[48] 金爱慧、赵连章：《论中国传统人际关系对腐败的影响》，《东北师大学报》（哲学社会科学版）2010 年第 2 期。

[49] 庄德水：《利益冲突：一个廉政问题的分析框架》，《上海行政学院学报》2010 年第 5 期。

[50] 白锐：《社会网络的结构与文化：腐败问题再研究》，《中国行政管理》2010 年第 9 期。

[51] 唐利如：《腐败网络：特征、类型和机理——社会网络理论视角的腐败及其治理》，《兰州大学学报》（社会科学版）2011 年第 1 期。

[52] 汪明亮：《人际关系视角中的腐败犯罪窝案现象分析》，《现代法学》2011 年第 2 期。

[53] 肖俊奇：《公职人员利益冲突及其管理策略》，《中国行政管理》2011 年第 2 期。

[54] 汪明亮：《人际关系视角中的腐败犯罪窝案现象分析》，《现代法学》2011 年第 2 期。

[55] 庄德水：《公共权力腐败的利益冲突根源》，《中共中央党校学报》2011 年第 4 期。

[56] 朱昔群：《从干部体制看腐败与反腐败》，《马克思主义与现实》2011 年第 6 期。

[57] 纪莺莺：《文化、制度与结构：中国社会关系研究》，《社会学研究》2012 年第 2 期。

[58] 张咏梅、刘子馨：《中国人情网络里的腐败行为——基于负债感的分析》，《兰州学刊》2012 年第 2 期。

[59] 蔡宝刚：《腐败征候群解读与制度反腐策略》，《南京社会科学》2012 年第 3 期。

[60] 刘志勇：《中国官员财产申报：现状及对策》，《政治学研究》2012 年第 4 期。

[61] 徐静：《西方学界关于腐败成因的文化解释》，《经济社会体制比较》2012 年第 6 期。

[62] 杨兴坤：《省部级高官腐败的现状及其防治策略》，《中共浙江省委党校学报》2013 年第 2 期。

[63] 陈国权、毛益民：《腐败裂变式扩散：一种社会交换分析》，《浙江大学学报》（人文社会科学版）2013 年第 2 期。

[64] 何君安、刘文瑞：《权力、利益、亲情的冲突与嵌合：再论中国社会的差序格局》，《青海社会科学》2013 年第 3 期。

[65] 刘启君：《改革开放以来中国腐败状况实证分析》，《政治学研究》2013 年第 6 期。

[66] 聂资鲁：《防止公职人员利益冲突立法的理论与实践》，《中国法学》2013 年第 6 期。

[67] 邱忠霞、张英魁：《当前中国的隐性腐败问题及其治理》，《中州学刊》2013 年第 8 期。

[68] 袁北星：《家族制度观念对当代社会的影响》，《人民论坛》2013 年第 29 期。

[69] 陈科霖：《腐败成因诸视角述评及综合治理原则》，《廉政文化研究》2014 年第 3 期。

[70] 王天笑：《期权腐败的利益冲突诱因及其矫治》，《河南师范大学学报》（哲学社会科学版）2014 年第 4 期。

[71] 张汉飞：《官员腐败的内在机理及其治理网络建构》，《中共中央党校学报》2014 年第 4 期。

[72] 何家弘：《中国腐败犯罪的现状评估》，《现代法学》2014 年第 6 期。

[73] 张金明：《法制社会下我国腐败行为控制模式初探》，《政法论坛》2015 年第 1 期。

[74] 吴高庆、钱文杰：《高官腐败的新特征及其成因——以十八大后落马的 71 名省部级以上高官为样本》，《廉政文化研究》2015 年第 3 期。

[75] 叶竹盛：《反腐的制度大爆炸》，《南风窗》2015 年第 11 期。

[76] 刘筱勤、庄国波：《防腐反腐的制度“疫苗”：官员财产监控制度》，《领导科学》2016 年第 2 期。

[77] 尹利民、袁南昌：《派系抑或派性：中国式腐败生成的社会基础与逻辑——一个解释框架及其应用》，《南昌大学学报》（人文社会科学版）2016 年第 2 期。

[78] 何家弘、徐月笛：《腐败利益链的成因与阻断——十八大后落马高官贪腐案的实证分析》，《政法论坛》2016 年第 3 期。

[79] 汪波、郑姗姗：《中国省部级反腐实证探析》，《国家行政学院学报》2016 年第 4 期。

[80] 刘艳红：《中国反腐败立法的战略转型及其体系化构建》，《中国法学》2016 年第 4 期。

[81] 龙太江等：《腐败心理的类型和结构——基于“贪官忏悔录”的研究》，《领导科学论坛》2016 年第 5 期。

[82] 傅跃建、刘婷：《贪污受贿犯罪入罪数额标准的设定——对最新贪污贿赂犯罪司法解释规定的质疑》，《法治研究》2016 年第 6 期。

[83] 魏潾、张素姗：《党员领导干部家风建设是党风建设的延伸》，《理论探讨》2016 年第 4 期。

[84] 汤建石：《家风建设背后的政治逻辑与执政理念》，《领导科学》2016 年第 16 期。

[85] Wedeman, Andrew: “Anticorruption Campaigns and the Intensification of Corruption in China”, 《Journal of Contemporary China》, Vol. 14, No. 42, 2005.

[86] Ren Jianming & Du Zhizhou: “Institutionalized corruption: power overconcentration of the First-in-Command in China”, 《Crime Law Soc Change》, 2008 (49).

[87] Yan Sun, Michael Johnston: “Does Democracy Check Corruption? Insigh ts from China and India”, 《Comparative Politic》, NO. 4, 2009.

[88] He Jiahong: “Exploration of Path of Fighting Cor-

ruption with Chinese Characteristics”, 《CHINA LAW》, NO. 4, 2010.

[89] Song Ling: “Construction of Anti-corruption Institutions and Culture in Traditional China and Its Implications for Modern China”, 《Social Sciences in China》, Vol. 32, No. 4, November 2011.

[90] José Atilano Pena López, José Manuel S nchez Santos: “Does Corruption Have Social Roots? The Role of Culture and Social Capital”, 《Journal of BusinessEthics》, 2014: (122).

(五) 网站资料

[1] 新华网, http: //www. xinhuanet. com/

[2] 人民网, http: //www. people. com. cn/

[3] 央视网, http: //www. cctv. com/

[4] 光明网, http: //www. gmw. cn/

[5] 中国共产党新闻网, http://cpc.people.com.cn/

[6] 中央纪委国家监委网站, http://www. ccdi. gov.cn/

[7] 中国政府网, http: //www. gov. cn/

[8] 中国人大网, http: //www. npc. gov. cn/

[9] 人民政协网, http: //www. rmzxb. com. cn/index. shtml

[10] 中共中央文献研究室网, http://www. wxyjs.

org.cn/

[11] 中国法院网，http：//www. chinacourt. org/index. shtml

[12] 最高人民检察院网站，http://www.spp.gov.cn/

[13] 国家审计署网站，http：//www. audit. gov. cn/

[14] 国务院新闻办网站，http：//www. scio. gov. cn/

[15] 法制网，http：//jx. legaldaily. com. cn/

[16] 正义网，http：//www. jcrb. com/

[17] 联合早报网，http：//www. zaobao. com/

[18] 透明国际网站，http：//www. Transparency. org/

[19] 中国新闻网，http：//www. chinanews. com/

后　记

本书是在我同题博士学位论文的基础上修订而成的。从选题到撰写期间，适逢党的十八大后党中央以壮士断腕的决心和刮骨疗毒的勇气掀起火力迅猛的反腐攻坚战，不断有各地官员“落马”的新闻，上至国字号“大老虎”，下到芝麻绿豆“小苍蝇”，一一被清扫而出。党的十八大以来，党和国家对反腐败态势的研判从“两军对垒、呈胶着态”，尔后到“反腐败斗争压倒性态势正在形成”，再到“反腐败斗争压倒性态势已经形成并巩固发展”，用词之变折射出十八大以来我国反腐败斗争取得了重大战略性成果。未来巩固发展反腐败斗争压倒性胜利，仍需通过不懈努力强化不敢腐的震慑、扎牢不能腐的笼子、增强不想腐的自觉，从而换来“河清海晏、朗朗乾坤”。这就使得有关反腐败的学术研究重要性愈发凸显，而随着我国腐败与反腐败信息愈加公开透明，可供开垦的反腐败研究“处女地”将会越来越广袤，这恰好为深度的反腐败学术研究提供了灵动的空间。

于我而言，最初选择研究反腐败问题，既有初生牛犊的冲劲，也有学术之旅中所遇到的幸运。刚进入中山大学读博不久，书生气十足，对党和国家治理中的所有热点问题都充满着强烈的社会责任感和使命感。十八大以来，党中央以猛药去疴、重点治乱的决心，以刮骨疗毒、壮士断腕的勇气打击腐败，同时深入推进党的纪律检查体制和国家监察体制改革，这吸引着我将注意力放到对反腐败问题的关注上，并时刻跃跃欲试。我的博士生导师郭文亮教授长期关注我国的腐败与反腐败问题，且颇有建树，多篇反腐题材的文章得到学界和舆论界的广泛关注。在读博期间导师的鼓舞与鞭策下，坚定了我对家族式腐败这一复杂议题进行研究的信心；导师的培养与教导，奠定了我从事反腐败学术研究的基础，也指明了我未来学术发展之路。同样幸运的是，本书的出版得到中国方正出版社的支持和华南师范大学广东党的建设研究院研究项目的资助。

莫言曾说过，“我是一个讲故事的人”，“这些故事让我坚信，真理和正义是存在的”。与我而言，学术是一场身体与智力的长时段旅行，在学术的岁月中跋涉，每个人都有自己的故事。时至今日，我的最真切的体会便是：肉体上的煎熬加心灵上的孤寂，恰似一篇论文水到渠成的一种身心状态。人的脆弱和坚强或许超乎自己的想象。有时，脆弱得一句话就泪流满面；有时，发现自己咬着牙走了很长的路。回首整个写作与修改历程，有诗歌和远方的田野，有安逸和生活的苟且；有艰辛和彻夜的惆怅，有苦闷和夜下的沉思；有怀疑和自我的否定，有欣喜和片刻的轻松……此时此刻，感怀之情溢于言表。

感谢中山大学沈成飞教授、吴炜教授、袁洪亮教授、胡雪莲教授、罗嗣亮副教授、张龙林副教授，他们参加了我的论文开题或答辩，提出了许多建设性的修改意见。感谢同窗杨琳、范君、李若衡博士等在我博士 3 年的学习和生活中给予的关心和帮助。感谢同门项赠、王高贺、孙晓晖、胡庆亮、李尚旗、林志彬在学术论文写作上提供的指导和帮助；廖皇珠、张居永、唐景成、余俊渠、单文龙、张仙凤给予了我许多精神上的支持和生活上的关心。同时，也感谢与我共同拼搏在博士征途中的同级小伙伴和众多师弟师妹们。需要感谢的人还有很多，此处虽不便逐一具名致谢，然自当铭记于心，常怀感激之情，常思同门同窗之谊。

特别感恩我的家人。他们虽然文化水平不高，但也懂得“不要在最能奋斗的年华里选择了安逸”。当初选择放弃在党校相对安逸的工作时，他们义无反顾地给予了理解与支持，并希望我的人生道路能走得更远更好。在日常生活学习中，总少不了父母的各种千叮咛万嘱咐，嘘寒问暖未曾间断，每次他们都是语重心长、谆谆教诲。我的哥哥 16 岁就来珠三角打工，一个没有什么文凭和社会背景的青年，凭借着自己的憨厚、勤劳一路坚持了近 17 年，当初在深圳、广州打工一个月才拿 1000 多元工资，还不忘时而接济我读书上大学，这份恩情怎能忘怀！3年里聚少离多，在家陪家人的时间更是屈指可数，即便是寒暑假也不过是匆匆来回。每次返校前夕，望着爸妈逐年老去的容颜和大不如前的身体，看着哥哥日渐式微的单眼视力，心中久久不能平静。对他们，我心存感激，却又满腹愧疚。黄粱一梦三十余年，我明白，所有的岁月静好，只因有你们在负重前行。

本书得以在中国方正出版社出版，要感谢该社刘彦彩编辑，她以精品意识和严谨态度细心打磨着编辑的每个环节，付出了很大的努力。还要感谢复旦大学李辉教授的引荐以及在反腐败学术研究道路上的指导！需要说明的是，由于初涉反腐败学术研究领域，本书肯定存在不全面、不到位之处，还请读者诸君予以理解与见谅。

何　旗

2020年7月10日于华南师范大学

图书在版编目（CIP）数据

家族式腐败问题研究/何旗著．—北京：中国方正出版社，2020.8

ISBN 978-7-5174-0869-7

Ⅰ.①家…　Ⅱ.①何…　Ⅲ.①反腐倡廉-研究-中国
Ⅳ.①D630.9

中国版本图书馆 CIP 数据核字（2020）第 169848 号

家族式腐败问题研究

JIAZUSHI FUBAI WENTI YANJIU

何　旗　**著**

责任编辑：王楚楚
责任印制：李惠君
责任校对：周志娟

出版发行：中国方正出版社
（北京市西城区广安门南街甲 2 号　邮编：100053）
发行部：（010）66560936　门市部：（010）66562755
编辑部：（010）59594709　印制部：（010）59594625
网址：www. lianzheng. com. cn
经　　销：新华书店
印　　刷：北京文昌阁彩色印刷有限责任公司

开　　本：787 毫米×1092 毫米　1/16
印　　张：13
字　　数：130 千字
版　　次：2020 年 12 月第 1 版　2020 年 12 月北京第 1 次印刷

ISBN 978-7-5174-0869-7　　定价：38.00 元

（本书如有印装质量问题，请与本社发行部联系）